JN202075

税理士試験 消費税法

消費税法

合格のための 勉強の極意 **50**

税理士 川上 悠季 著

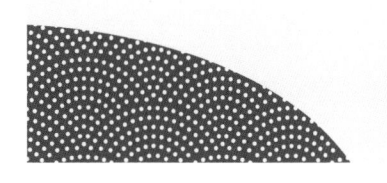

税務経理協会

はじめに

　はじめまして！税理士の川上悠季と申します。

　はじめに少しだけ自己紹介をさせていただきます。

　僕は、税理士試験消費税法の受験生だったときに「消費税法 無敵の一問一答」というスマートフォンアプリを開発しました。

　これはもともと自分の受験勉強のために使う自習用ツールとして制作したもので、当初は一般公開するつもりはあまりなかったのですが、せっかくなのでアプリストアで一般向けにも公開してみたところ、思いの外たくさんの方にダウンロードしていただけるようになりました。

　今はアプリに関連する書籍の出版や HP の運営なども手掛けるようになり、当時の自分には想像もつかないほど大きな規模にまで成長しました。また、アプリや書籍、HP を運営するために、税理士試験合格後も受験生の時以上に消費税法の勉強を続け、見識を深めていった結果、懸賞論文で二度も賞を取ることができました（第 45 回日税研究賞入選、第 13 回新日本法規財団奨励賞（税制・会計分野 優秀）受賞）。

　さて、前置きが長くなりましたが、本書では、これらのコンテンツの運営によって僕がこれまでに培ってきた消費税法の見識を存分に活かして、税理士試験消費税法に合格するための「無敵の極意」をご紹介したいと思います。

　税理士試験の勉強において、自分に合った勉強法が確立できていなかったり、目指すべきゴールが見えていない状態でやみくもに学習を進めるのはあまり効率的ではありません。また、問題を解く際も、解き方のコツやテクニックを知っているか知らないかで大きな差がつくため、何も知らずにひたすら演習を繰り返しているだけでは成績が伸び悩んでしまうでしょう。

　そこで、本書では、「合格」という目指すべきゴールに向けた道のりを示し、自分に合った勉強法を見つけるためのヒントを提供します。また、消費

税法の試験で高得点を狙うための解き方のコツやテクニックについても詳しく解説します。

　本書が、無駄なく効率的に消費税法の学習を進めるための手助けとなれば幸いです。

川上悠季

本書の構成

　本書は、消費税法の各論点の解説を行う参考書ではなく、無駄なく効率的に学習を進めるための方法や試験で高得点を狙うための解法テクニックを紹介する「指南書」といった位置づけとなります。

　第1章では、消費税法に限った話ではなく、税理士試験全般に関する概要を紹介しています。自分に合った勉強法を確立するためのヒントとなる情報も多く掲載しているので、合格に向けた道のりがイメージできるようになりましょう。

　第2章では、消費税法の特徴を紹介し、理論対策と計算対策のいずれにも共通する勉強方法について解説しています。

　第3章では理論問題の解法テクニック、第4章では計算問題の解法テクニックを紹介します。効率的に学習を進めるとともに、試験で高得点を狙うためのコツを詳しく解説しています。

　第5章では、本試験当日の心構えについて解説しています。

　なお、本書に記載の URL と二次元コードは 2024 年 11 月現在のものです。

目次

第5章　本試験当日の心構え

おわりに

「消費税法 無敵の一問一答」開発秘話

第 **1** 章

税理士試験を受ける にあたっての心得

　孫子の兵法に「敵を知り、己を知れば、百戦危うからず」という格言があります。

　これは、税理士試験合格を目指す上でも当てはまることです。

　まず税理士試験全般の特徴を知り、合格を勝ち取るためには何をする必要があるかを見極め、自分に合った勉強法で合格への道を歩み始めましょう。

消費税法の合格率と受験生のレベルを知ろう

消費税法の合格難易度は簿記論・財務諸表論よりは高めですが、他の国税科目よりは合格しやすい科目です。

 税理士試験は相対評価の競争試験

　税理士試験の受験案内によると、各科目の合格基準点は満点の60％とされていますが、そもそも採点基準は公開されていません。各科目の合格率が毎年おおむね一定であることを鑑みると、税理士試験は実質的に相対評価の競争試験であるといえます。

　相対評価の競争試験で合格を勝ち取るためには、全受験生の中で上位何％に入る必要があるのかを把握することが極めて重要です。

 税理士試験の各科目の合格率を知ろう

　令和5年度（第73回）税理士試験の科目別の合格率は次のようになっています。

　会計科目（簿記論・財務諸表論）と税法科目の合格率には大きな開きがあります。会計科目については、年によってばらつきはありますが、おおむね20％前後の合格率となっています。一方、税法科目については、どの科目もおおむね12％前後の合格率となっています。

　消費税法も例に漏れず、毎年おおむね12％前後の合格率となっているため、全受験者のうち、およそ8人に1人が合格できる試験だと考えておきま

しょう。

（単位：人、％）

科目	受験者数	合格者数	合格率 （令和5年度）	合格率 （令和4年度）
簿記論	16,093	2,794	17.4	23.0
財務諸表論	13,260	3,726	28.1	14.8
所得税法	1,202	166	13.8	14.1
法人税法	3,550	497	14.0	12.3
相続税法	2,428	282	11.6	14.2
消費税法	**6,756**	**802**	**11.9**	**11.4**
酒税法	463	59	12.7	13.2
国税徴収法	1,646	228	13.9	13.8
住民税	462	68	14.7	17.2
事業税	250	41	16.4	14.1
固定資産税	846	146	17.3	18.4
合計（延人員）	46,956	8,809	18.8	16.7

 ## 資格学校の答練では上位 20％以内を目指そう

　資格学校の受講生のレベルと受験生全体のレベルは異なります。誤解や批判をおそれずに、資格学校の受講生のレベルと受験生全体のレベルのイメージをグラフにして示すと、次のようになります。

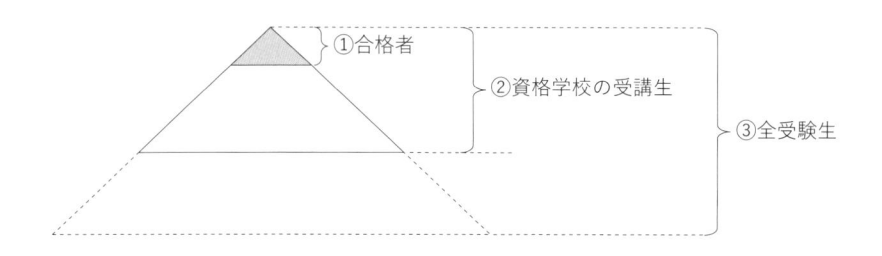

本試験では、資格学校のカリキュラムについていけなくなり答練を受けていない受講生やそもそも資格学校のカリキュラムを受講していない受験生も分母に含まれることになります。そのような受験生は、本試験の時点で合格レベルに達していない場合が多いです（もちろん、中には例外として、独学で合格レベルに達している受験生や、仕事が忙しかったなどの事情があり合格レベルの実力を持っていながら資格学校の答練を受けていない受験生もいると思いますが、一般的にはそのような方は少ないのが現状です）。

　消費税法については、本試験の時点で合格レベルに達していない受験生も含めた合格率を計算すると「①÷③＝12％前後」となりますが、資格学校の答練を受けている受講生のうち合格レベルに達している受講生の割合を計算すると、おおむね「①÷②＝20％前後」となります。

　そのため、消費税法に合格するためには、資格学校の答練でおおむね上位20％以内に入ることを目指して勉強するようにしましょう。

（ちなみに、簿記論と財務諸表論は税法科目より合格率が高めなので、資格学校の答練でおおむね上位30％以内に入っていれば本試験では合格レベルとなります）

 消費税法は他の税法科目よりは合格しやすい

　先に述べたとおり、税法科目は会計科目と比べて合格率が低くなっており、その分、合格難易度も高くなることは想像に難くないでしょう。

　しかし、消費税法は他の税法科目と比べると比較的合格しやすい科目であるといえます。

　法人税法、所得税法、相続税法及び消費税法は「国税四法」と呼ばれており、税法科目の中でも特に難易度が高いとされています。ただし、消費税法は、法人税法、所得税法及び相続税法と比較すると学習ボリュームは少ないです。また、消費税法は初めて税法科目を受験する受験生が選択することが多く、ベテランの受験生が多い他の国税科目とは受験者層の性質も異なります。

こういったことを考慮すると、消費税法は簿記論や財務諸表論よりは合格難易度は高いものの、他の国税科目よりは比較的合格しやすい科目であるといえるため、初めての税法科目として消費税法を受験する方も過剰に身構える必要はありません。

　消費税法は、学んだことが実務の現場でも大いに役に立つ科目なので、興味のある方は是非ともチャレンジしてみましょう！

極意 2 資格学校には入った方が良い

独学で合格することは不可能ではありませんが、確実に早く合格したいのなら資格学校に入ることをオススメします。

 **資格学校のカリキュラムが一番の王道**

　税理士試験に合格するための王道は、資格学校に入ってカリキュラムをしっかりとこなすことです。

　資格学校では、最も効率的かつ確実に合格できるように考え抜かれたカリキュラムが提供され、経験豊富な講師が実践的な指導を行います。また、本試験を想定した答練を通じて試験慣れや時間管理のスキルを磨くことができます。

　一方、独学で税理士試験に挑戦する場合は、時間がかかる上に、誤った理解のまま学習を進めてしまうリスクがあります。

 **資格学校のカリキュラムはエスカレーターのようなもの**

　税理士試験合格までの道のりを登山に例えると、資格学校のカリキュラムはエスカレーター、独学は徒歩のようなイメージです。

　学習到達度を登山の合目に例え、6合目を合格ラインだとすると、資格学校のカリキュラムは8合目あたりまで最速で連れて行ってくれるエスカレーターのような感じです。

　イメージをイラストで表現すると、次のようになります。

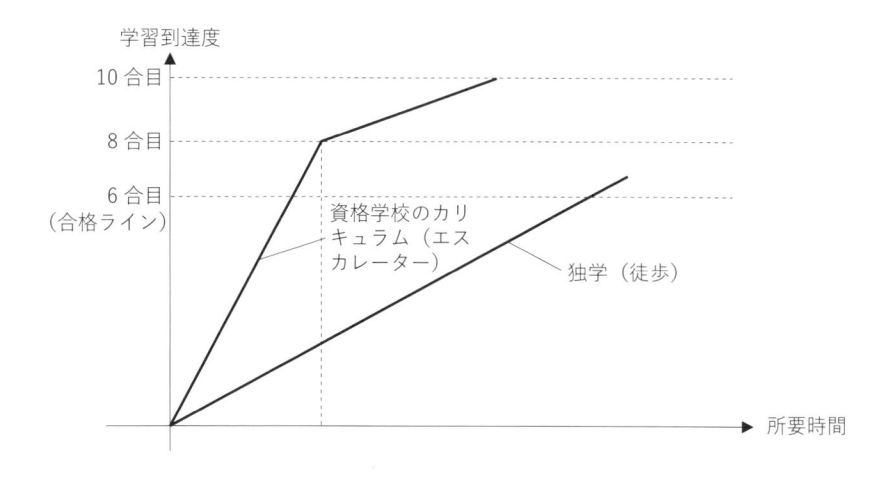

もちろん、人によっては独学でも資格学校のカリキュラムを受講しているのと変わらないくらいのスピードで学習できる人もいるかもしれません。しかし、一般的には、独学者の方が資格学校の受講生よりも合格レベルに達するまでの所要時間は多くなるため、効率性を重視するのであれば資格学校に入るのが一番です。

 資格学校の受講料は投資だと思おう

資格学校の受講料は決して安い金額ではありません。状況によっては、総額で数百万円になることもあります。

しかし、税理士試験に合格すれば、それまでの受講料は簡単に回収することができます。また、税理士試験のために勉強した内容は、その多くが実務にも直結します。

資格学校の受講料は将来の自分への投資だと思って、惜しまないことをオススメします。

独学での合格も不可能ではない

「独学で合格するのは不可能なの？」と思われた方もいるかもしれませんが、決してそんなことはありません。

最近は、資格学校の独学者向けの市販教材も書店で色々と販売されています。インターネット上では、WEB サイトや YouTube などで会計や税法に関する解説が無料で配信されていることもあります。また、最近は SNS を通じて受験生同士が交流し、難しい論点を互いに教えあったり、クイズ形式で問題を出題しあったりするなどして活発な情報交換が行われています。さらに、受験勉強に役立つスマホアプリなども多く配信されており、資格学校のカリキュラム以外にも試験勉強に役立つコンテンツは世の中にたくさんあります。

このように、市販教材やネットコンテンツ、SNS、スマホアプリなどを上手く活用すれば、独学でも効率的に学習を進めることができます。

経済的な事情等によりどうしても資格学校に通えない場合であっても、工夫次第で合格ラインに達することは可能なので、決してあきらめないでください！

コラム

宣伝となってしまうのですが、僕は「消費税法無敵の一問一答」というスマホアプリをリリースしており、たくさんの消費税法受験生の方に使っていただいています。また、消費税法一問一答アプリ公式 HP（https://shouhizei-quiz.com/）という WEB サイトも運営しており、消費税法の学習に役立つ解説記事を無料で公開しています。これらは独学者を含むすべての消費税法受験生の学習のお役に立てる自信がありますので、興味のある方は是非使ってみてください！

極意 3 資格学校のカリキュラム外の論点の学習は基本的に不要

> 資格学校のカリキュラムをこなせば合格ラインに達することができますが、余裕のある方については、カリキュラム外の論点を独学で学習するのもアリだと思います。

 **本試験では資格学校で習わない論点も出題される**

本試験では、資格学校のカリキュラムでは取り扱っていない論点も何問か出題されます。極意2で示したイラストでいうところの8〜10合目あたりの学習到達度の論点がこれにあたります。

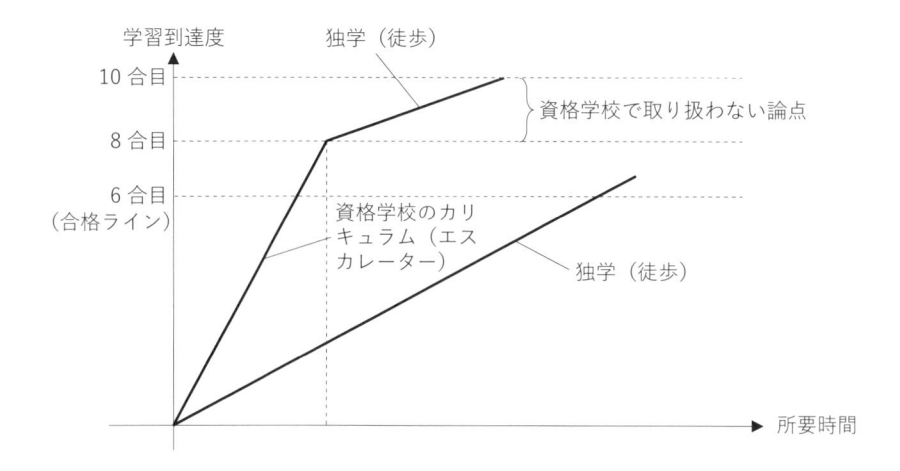

資格学校で取り扱わない論点については、当然ながら独学で学習するしか

ありません。果たして、このような論点も学習する必要があるのでしょうか？

カリキュラム外の論点の学習は基本不要だが、状況によってはアリ

　本試験は、資格学校のカリキュラムで取り扱っていない問題が出題されることがありますが、そのような難問については、受験生の大半が解けないため合否に大きな影響はありません。資格学校のカリキュラムで取り扱っている事項だけ押さえておけば十分合格点を取ることができるため、資格学校のカリキュラム外の論点の学習は基本的に不要です。

　……と、言っておきながら、実は僕自身が税理士受験生だったときは、資格学校のカリキュラム外の論点も独学でガンガン学習していました。その理由は、僕はケアレスミスがものすごく多いタイプだったので、ケアレスミスによる失点をカバーするために資格学校のカリキュラム外の論点も得点できるように難問対策をしていました。

　僕のようにケアレスミスによる失点をカバーしたいという理由のほかにも、実務の勉強も兼ねて学習をしている場合や、消費税の専門家・研究者を目指しているなどの理由があるときは、資格学校のカリキュラムで取り扱わない論点を独学で学習するのもアリだと思います。

　なお、資格学校のカリキュラム外の論点の学習方法については、極意21、22で紹介しています。

カリキュラム外の論点の学習は余裕がある人のみやるべし

　カリキュラム外の論点の学習は、資格学校のカリキュラムをすでに完璧に押さえており、かつ、今後の学習時間も十分確保できる余力がある人だけがやるべきです。

カリキュラム外の論点の学習には、次のようなデメリットがあるので、取扱いには注意が必要となります。

① 　国税庁の質疑応答事例や通達、Ｑ＆Ａ、実務書、判例などで扱っている事例を学習する場合、事例の内容によっては原則的な考え方と異なる取扱いをすることもあるため、基礎論点を誤解して覚えてしまうリスクがあること
② 　カリキュラム外の論点の学習のために時間をかけすぎて、肝心な資格学校のカリキュラムの勉強がおろそかになってしまう可能性があること
③ 　カリキュラム外の論点は量が膨大である割に試験で出題される可能性が低いためタイムパフォーマンスが極めて悪いこと

　資格学校のカリキュラムを充分に押さえられていない人がカリキュラム外の論点にまで独学で手を出すのはリスクが大きいのでやめておきましょう。

極意 4 自分に合った勉強法を見つけよう

> 税理士試験の最適な勉強法は人それぞれで、どれが正解というものではありません。自分と考え方や境遇が似ている人の勉強法をベースにして、自分にとっての最適な勉強法を探しましょう。

 **最適な勉強法は人それぞれ**

税理士試験の勉強法は人それぞれです。100人の受験生がいれば、それぞれに合った勉強法は100通りあります。

得意・不得意は人それぞれであり、置かれている状況も人それぞれ異なります。

理論暗記が得意で計算が苦手な人は、計算問題の練習に時間を費やすべきです。

仕事等が忙しくあまり学習時間を多く確保できない受験生は、難易度の高い論点をこなすより基礎固めを重視する方が良いです。一方で、勉強時間を多く確保できる専念受験生や学生は、難易度の高い論点も積極的に学習する方が良い場合もあります。

その他にも、個々人の性格や学習到達度、その科目の受験経験など様々な要因によって、最適な勉強法は変わってきます。

 **自分に合った勉強法を探そう**

合格者の体験談を聞くと、勉強法や方針は実に様々です。

「理解重視」で勉強していた人もいれば、「暗記重視」で勉強していた人もいます。

極意3でも触れましたが、資格学校のカリキュラム外の論点も学習すべきかどうかについても、人によって見解は大きく分かれます。

その他にも、間違いノートを作るべきかどうかや、理論暗記は書いて覚えるか読んで覚えるか、理論は一言一句覚えるべきか、答練は何回解き直すべきか、市販教材や他の資格学校の答練も受けるべきかどうか、過去問は解くべきかなど、考え方は本当に十人十色です。

このように、勉強法や方針には様々なものがありますが、その中でどれが正解というわけではありません。学習の最適な方法は人それぞれ異なります。

色々な方法を試し、試行錯誤を繰り返すことによって、自分にとって最適な学習スタイルを見つけ出すことが、効率的かつ効果的な学習につながります。

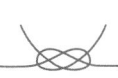 自分と考え方や性格、境遇が似ている人の勉強法を真似しよう

「自分に合った勉強法を探そう」と言われても、いまいちピンと来ない方も多いと思います。

そんなときは、自分と考え方や性格、境遇などが似ている人の勉強法を真似するのがオススメです。

SNS や WEB サイトなどを探すと、税理士試験の合格体験記や勉強法を発信している方が多くいます。身近に税理士試験の合格者や受験生がいる場合は、直接話を聞いてみてもいいかもしれません。

自分と考え方や性格、境遇が似ている人が見つかったら、その人の勉強法を真似すれば、それが自分にも合った勉強法である可能性が高いです。

そして、その勉強法をベースにして、試行錯誤を繰り返して微調整を加え、自分にとっての最適な学習スタイルを確立するのが最もコスパの良い方法だと思います。

「手段の目的化」にならないよう注意しよう

「1日〇時間勉強する」や「答練は〇回解きなおす」といったルールを自分に課すのはいいことですが、それ自体が目的にならないように注意しましょう。

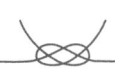
自分に課すルールや目標は「手段」であって「目的」ではない

受験勉強をするにあたって、「1日〇時間勉強する」「答練は〇回解きなおす」といったルールを自分に課している方は多くいるのではないでしょうか？

そのようなルールを設けること自体は、勉強を習慣づけるために有益なことであり、受験勉強を継続させる上でとても重要なことです。

しかし、それは勉強した内容を効率的に頭に定着させるための「手段」であって、「目的」ではありません。この点をしっかり意識することが重要です。

「手段の目的化」に注意

「1日〇時間勉強する」「答練は〇回解きなおす」といったルールは、勉強内容を効率的に頭に定着させるという目的を達成するための手段ですが、いつの間にかその手段を遂行すること自体が目的になってしまうことがあります。

例えば、「1日3時間勉強する」といったルールを自分に課している場合に「手段の目的化」が発生すると、全く集中できておらず勉強内容が全然頭に

入っていない状態でも、ただ3時間が経過したことで目標を達成した気になって満足し、肝心な勉強内容の理解がまったくできていない状態となってしまうおそれがあります。

また、「答練は3回解き直す」といったルールを自分に課している場合に「手段の目的化」が発生すると、難しい内容の答練で3回解き直しただけでは全然理解ができていない状態でも、3回解いたという目標を達成したことで満足し、理解を伴わないまま終わってしまうことがあります。その逆に、ごく簡単な内容の答練で、すでに出題内容のすべてを理解している状態なのに、「3回解く」というルールを遂行すること自体が目的となってしまい、解き直す必要のない答練を解き直し時間を無駄にしてしまうことがあります。

このほかにも、「資格学校の講義は必ず出席する」というルールを自分に課している場合に、風邪気味で体調が悪いのに無理に講義に出席してさらに体調を悪化させてしまうという本末転倒な事態に陥ってしまう可能性もあります。

このように、「手段の目的化」に陥ってしまうと、学習効率をむしろ低下させてしまうおそれがあります。

 ルールや目標はあくまでも手段、臨機応変に対応しよう

自分に課したルールや目標はあくまでも勉強内容を頭に定着させるための「手段」に過ぎません。

「1日○時間勉強する」というルールを自分に課していたとしても、目標時間よりも短い時間で学習内容が頭に定着できたなら勉強を早く切り上げてもかまいません。逆に、理解するのに目標時間よりも多くの時間がかかりそうなときは、その日の勉強時間は延長すべきでしょう。

「答練は○回解き直す」というルールを自分に課していたとしても、すでにしっかり理解できているのであれば何度も解き直す必要はありません。逆に、なかなか理解できない難しい内容の答練は○回より多く繰り返し解き直すべきです。

「資格学校の講義は必ず出席する」というルールを自分に課していたとしても、無理をしてまで受講する必要はありません。資格学校のフォローアップ体制はしっかりしているので、後でDVD講義やWEB講義などを受けてフォローすれば大丈夫です。

　ルールや目標を設定し、それを守りながら学習を進めることは大切ではありますが、それ自体はあくまでも手段に過ぎないので、「勉強内容を効率的に頭に定着させる」という最上位の目的を達成することを第一に考えて、状況に応じて臨機応変に対応するようにしましょう。

極意 6 答練の復習は上位 10% くらいを目指そう

答練の復習は大事ですが、制限時間内に満点を取るのは不可能な問題もあります。解き直しの際は、上位 10％くらいの点数を目標にしましょう！

 ## 満点を取るのはたいてい不可能

答練の解き直しは大事ですが、満点を目指す必要はありません。といいますか、満点を取るのは不可能な場合が多いです。

基礎論点の学習期の答練は満点を取れる内容であることもあります。また、科目によっては満点を取れる問題が出題される場合もありますが、たいていの場合、2 時間という制限時間内ですべての問題に手をつけ満点を取ることは不可能です。

満点を取れるようになるまで答練の解き直しをすることにすると、いつまでも終わらなくなってしまうので、ある程度の点数を取れるようになったら次に進むようにしましょう。

 ## 答練の復習は上位 10%くらいを目指そう

資格学校では、答練ごとに得点分布が公表されます。

答練の復習をする際は、満点を目指すのではなく、得点分布のおおむね上位 10％以上の点数を取ることを目指し、その点数が取れるようになるまで繰り返し解き直すようにするのがオススメです。

なお、極意1でも触れましたが、資格学校の受講生の方が受験生全体の母集団よりも相対的にレベルが高いため、資格学校の答練における上位10％というのは、だいたい本試験では上位5〜6％くらいになります。

　もっと上を目指したい方は、得点分布の上位5％や上位1％など、さらに高い目標を設定してもかまいません。

コラム　答練を解き直す時間がないときの復習法

　答練は一定の目標点が取れるようになるまで解き直すのが理想ですが、どうしても解き直しの時間を確保できない場合もあるかと思います。

　そのような場合は、答練の本番の際に正解した箇所も含めてしっかりと解説を読み込み、間違えた箇所はなぜ間違えたのかをしっかりと分析し、得点すべき箇所で失点しないようにするための対策を講じるようにしましょう。

　なお、間違えた箇所の原因分析法は、極意7で詳しく解説します。

極意 7 答練で間違えた原因を分析しよう

> 答練で間違えた箇所はしっかり原因を分析し、得点しなければいけなかった論点の間違いについてはしっかり対策を講じるようにしましょう。

間違えた原因の4分類

　答練の解き直しで目標点数を取れるようになったとしても、間違えた箇所の分析をしっかりとやらなければ意味がありません。

　そこで、僕が受験生だったときに実践していた間違いの原因分析法をご紹介します。

　間違えた原因について「知識不足」によるものか「練習不足」によるものかそれぞれ分類し、また、その間違いが合否に与える影響について「得点しなきゃいけない」ものか「得点できなくてもいい」ものかにそれぞれ分類し、次の図のように4種類に分類します。

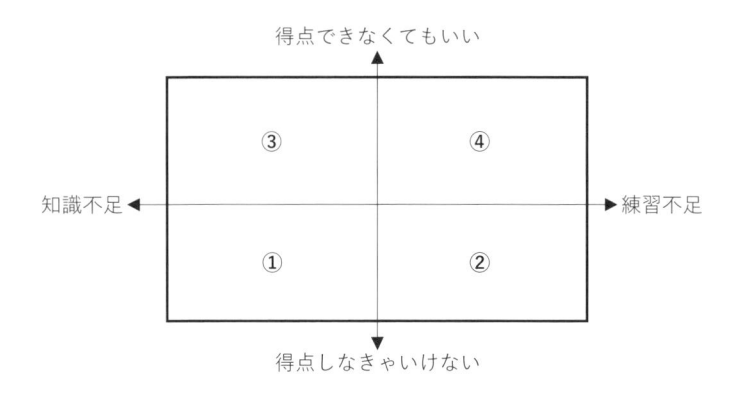

③と④は合否に影響を与えないため解けなくても構わないと割り切り、①と②を克服するための対策を講じましょう。

① 「知識不足」が原因の「得点しなきゃいけない」間違い

「知識不足」が原因の「得点しなきゃいけない」間違いは、他の受験生の多くが解ける問題について、勉強していなくてそもそも知らなかった又は理解していなかったために間違えてしまったものです。勘違いや覚え違いによるもの、理解・暗記をしていなかったけど勘でたまたま合っていた箇所もこれに含まれます。

僕は、資格学校が公表している各論点のランクのうち、Aランク論点とBランク論点の問題は「得点しなきゃいけない」問題として分類していました。

この間違えを克服するための対策は、テキストを読み込んでしっかりと理解し、忘れないように何度も反復して覚え直し、しっかりと記憶に定着させることです。

② 「練習不足」が原因の「得点しなきゃいけない」間違い

「練習不足」が原因の「得点しなきゃいけない」間違いは、他の受験生の多くが解ける問題について、解き方が習熟できていなかったために間違えてしまったものです。具体的には、解くスピードが遅く時間が足りなくて問題を解き切れなかった場合や問題条件の読み間違い、応用事例問題に上手く当てはめて考えられなかった場合などです。ケアレスミスや計算ミスもこれに含まれます。

これらは練習不足が原因なので、問題演習の回数をこなすことにより克服しましょう。

なお、ケアレスミスが原因の場合は、やみくもに問題演習を繰り返すのではなく、なぜそのようなミスをしてしまったのかの原因を分析することも大事です。

例えば、僕が税理士受験生だった時、資格学校の消費税法の答練で、「前課税期間が9か月なのに、六月中間申告に係る中間納付額を計算する際に12で割って（×6/12）と計算してしまった」というミスを実際にしたことがあります。なぜこのようなミスをしたのか原因を分析したところ「練習問題では前課税期間が12か月のことが多かったから、前課税期間の月数をちゃんと確認せず無意識に12で割ってしまった」ということがわかったので、それ以後は、中間納付額を計算する際は必ず前課税期間の月数を確認するように習慣づけることにしました。

　このように、ミスの原因をしっかりと分析し、次に同じミスをしないようにするためにはどうすればいいか考え、対策を講じることが何よりも重要です。

③　「知識不足」が原因の「得点できなくてもいい」間違い

　「知識不足」が原因の「得点できなくてもいい」間違いは、ほとんどの受験生が知らない論点で、得点できなくても合否に影響がないものです。

　僕は、資格学校が公表している各論点のランクのうち、Cランク論点の問題は「得点できなくてもいい」問題として分類していました。

　本試験では、ほとんどの受験生が知らないマニアックな問題が出題されることがあります。

　そのような問題は、合否に大きな影響はないので、答練の際は解けなくてもかまわないと割り切るようにしましょう。

　ただし、資格学校の答練で出題されたマニアックな論点が本試験でも出題された場合は、その答練を受けた他の受講生はその問題を得点できる可能性が高くなります。

　そのため、答練の復習の際は、そのような論点についてもできるだけ覚えるようにし、少なくとも頭の片隅ぐらいには入れておくようにしましょう。

④ 「練習不足」が原因の「得点できなくてもいい」間違い

　「練習不足」が原因の「得点できなくてもいい」間違いは、ほとんどの受験生が時間内に解ききることができず得点できないものです。

　税理士試験は、2時間の制限時間ではとても解ききれないボリュームの問題が出題されます。

　科目によっては、どれだけ練習を積み重ね解くスピードを上げてきたとしても絶対に解ききれない箇所がいくつかあります。

　そのような箇所については、どの受験生もほとんど得点できないところなので、解けなくてもかまわないと割り切るようにしましょう。

コラム　間違いノートを作り、ミスの原因を暗記しよう

　僕が税理士受験生だったときは、練習問題や答練で間違えた箇所は、その原因と対策を「間違いノート」に書くようにしていました。

　間違いノートは常に持ち歩いて毎日見るようにしており、Aランク論点の理論と同じくらいの重要性をもって何度も繰り返し見てその内容を暗記するようにし、同じ論点の問題に遭遇したら条件反射で「この前あんなミスをしたから、次は間違えないようにしなきゃ」と意識できるようにしていました。

　例えば、先ほど述べた「中間納付額の計算ミス」については、間違いノートを活用してその原因と対策をしっかりと頭に叩き込んだため、中間納付の問題を見たら無条件で「前課税期間の月数に気をつけなきゃ！」と意識が向くようになりました。

　間違いの原因と対策を忘れないようにするためにも、皆さんも是非「間違いノート」を活用してみてください。ノートでなくても、スマホなどにメモしてもかまいません。

極意 8 各問題の正答率を予測できるようになろう

資格学校の答練における各問題の難易度のランク付け等を参考に、各問題の正答率がどれくらいか予測できるようになると、取捨選択の判断がしやすくなります。

 A 〜 C のランク付けの意味

　科目や教材により多少異なりますが、答練や本試験の各問題の難易度は、次のように A 〜 C の 3 段階でランク付けされます（教材によっては、◎、○、△や★★★、★★、★と表記される場合もあります）。

A ランク	基本レベル。合格するためには必ず得点したい問題。 正答率はおおむね 70％以上。
B ランク	応用レベル。合格するためにはできれば得点しておきたい問題。 正答率はおおむね 30 〜 70％程度。
C ランク	発展レベル。正答できなくても合否に大きな影響はない問題。 場合によっては捨て問にすべき問題。正答率はおおむね 30％未満。

 A ランク 10 割、B ランク 5 割が合格ボーダー

　科目や出題構成によって変わりますが、ひとつの目安として、税法科目については、A ランクの難易度の問題をすべて得点し、B ランクの難易度の問題を半分ほど得点すれば、合格ボーダーラインに乗ると考えておきましょう。また、A ランクの難易度の問題をすべて得点し、B ランクの難易度の問

題を8割ほど得点すれば、合格確実ラインに乗ります。

　例えば、難易度ごとの出題構成が、Aランク：50点、Bランク：30点、Cランク：20点だった場合、合格ボーダーライン及び合格確実ラインは、それぞれおおむね次のようになります。

合格ボーダーライン：50点＋30点×50％＝65点

合格確実ライン　　：50点＋30点×80％＝74点

　なお、簿記論と財務諸表については、合格率が他の科目より高いことを考慮すると、Aランクの難易度の問題をすべて得点し、Bランクの難易度の問題を1〜2割ほど得点すれば合格ボーダーライン、Aランクの難易度の問題をすべて得点し、Bランクの難易度の問題を半分ほど得点すれば合格確実ラインとなります。

　また、出題ボリュームによっても上記の目安は変わります。例えば、Aランクの難易度の問題であっても、制限時間内にすべて解ききれないボリュームで出題された場合は、得点率はもう少し低くても合格ラインに乗ります。

　あくまでもひとつの目安として考えておいてください。

 ## 正答率を予測できるようになろう

　税理士試験は相対試験なので、他の受験生がどれくらい正答できているかを問題ごとにおおまかに把握できるようになることは非常に重要です。

　僕が受験生だったときは、答練の各問題の正答率を分析して、「この問題の正答率は〇％くらいになりそうだな」とある程度推測できるようになるためのトレーニングをしていました。

　それにより、例えば、「この問題の難易度はAランクだ」と判断した問題はケアレスミスがないように慎重に解くようにしたり、「この問題の難易度はCランクだ」と判断した問題は後回し又は捨て問として諦めるようにするなどして、効率的に問題の取捨選択をして制限時間を最大限に活かせるよう

になりました。

　A～Cランクのどれに当てはまるかという大雑把な区分でかまいませんので、ある程度の正答率が予測できるようになると、本試験でも大きなアドバンテージになります。

コラム　得点目標は人それぞれ

　ここでは、Aランクの難易度の問題をすべて得点し、Bランクの難易度の問題を8割ほど得点すれば、合格確実ラインと記載しました。

　確実に合格することを目指すなら、この得点バランスを目標にするのが一番と言えます。

　しかし、僕は極意3でも述べたように、ケアレスミスをどうしても無くすことができず、Aランクの難易度の問題も何問か失点してしまうことがよくありました。間違いノートを作るなどして対策はしたのですが、それでもミスを完全になくすことができませんでした。

　そこで、僕はケアレスミスにより何問か失点してしまうことをはじめから考慮し、難易度の高い問題を得点することによりその失点をカバーする戦略を立てることにしました。具体的には、Aランクの難易度の問題を9割（もちろん10割を取りたいところですが、ケアレスミスによる失点を考慮しています）、Bランクの難易度の問題を9割、Cランクの難易度の問題を5割というバランスで得点することを目標にしていました。

　Aランクの問題を落とさないようにすることが一番の王道ですが、どうしてもそれが難しい場合は、高難度の問題を得点することでカバーするという方法も、合格を勝ち取るためのひとつの手段です。

　難易度ごとの得点バランスの目標は人それぞれだと思いますので、自分に合った戦略を立てるようにしましょう。

極意 9 試験委員の違いによる出題傾向の違いを理解しよう

消費税法は実務家が作問を担当しており、具体的な取引事例への応用力や実践的な計算力が試される問題が多く出題されます。

試験委員には学者、実務家、官僚の3種類がいる

税理士試験の試験委員は、大学教授などの学識者（＝学者）、現役の税理士や公認会計士（＝実務家）及び国税庁・総務省のキャリア官僚（＝官僚）が担当します。

学者、実務家及び官僚のそれぞれがどの科目の問題を作成しているかをまとめると、次のようになります。

学者が制作する問題	簿記論の第二〜三問、財務諸表論の第一〜二問
実務家が制作する問題	簿記論の第三問、財務諸表論の第三問、法人税法、所得税法、相続税法、消費税法
官僚が制作する問題	酒税法、国税徴収法、固定資産税、事業税、住民税

※ 法人税法、所得税法、相続税法、消費税法については、実務家と官僚の双方が試験委員となっていますが、実務家試験委員の作問した内容が色濃く反映されていると考えられているため、これらは実務家が制作する問題として分類しています。

以下、試験委員の違いによる出題傾向の違いについて解説します。

学者の問題は理由や背景、制度趣旨を問う問題が多い

大学教授などの学者の先生は会計を「学問」として捉え、真理を追究する

ことを目的として普段から研究をしています。そのため、学者の先生が作る問題は、会計基準そのものをどれくらい覚えているかという問題や具体的な取引に当てはめるという実務的な応用力を問う問題よりも「なぜこのような会計基準が設けられたのか？」「この会計基準の制度趣旨や背景をしっかり理解しているか？」という制度の制定理由や背景・制度趣旨を問う問題が多く出題される傾向にあります。

　財務諸表論の理論問題はまさに学問的な立場で会計の真理・制度趣旨を問う問題が多く出題されます。それに対し、財務諸表論の後半の計算問題は実務家が作るため、会社法の規定に従って財務諸表をしっかり作れるかを問う実務的な問題となっています。

　簿記論の前半の個別計算問題も、簿記の原理や仕組みをしっかり理解しているかを問う問題が多く、膨大な量の取引を素早く処理する計算力を試される後半の総合計算問題とは問題の性質が異なります。

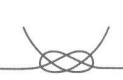 実務家の問題は具体的事例への応用力や 実践的な計算力を問う問題が多い

　実務家の先生は普段から個別具体的な取引事例に多く携わっているため、「なぜこのような規定が設けられたのか？」という制度趣旨や背景よりも「具体的な取引事例に対して法律の規定をきちんと当てはめて考えられるか？」という応用力を問う問題が多く出題される傾向にあります。

　また、計算問題でも、計算体系の原理や仕組みの理解を問う問題よりも、膨大な量の取引事例に対し素早く正確に処理できるかという実践的な計算力が試される問題が多く出題されます。

　自分の事務所の職員の採用試験のような感覚で、即戦力になれる人材に合格してほしいと思って作問しているのかもしれません。

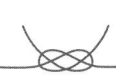

官僚の問題は法律の規定そのものの知識量を問う問題が多い

日本の法律はほとんどが官僚主導で法案を制作しており、句読点の位置や「てにをは」などの細かい言葉遣いまで気を配ってすごく丁寧に制作をしています。そのためか、官僚の先生が作る問題は、「私たちが苦労して作った法律の規定についてどれくらい深く理解していますか？」という、法律の規定そのものについての深い理解や暗記力を問う問題が多く出題される傾向にあります。

理論問題の出題の形式としては、いわゆるベタ書きの問題が多く、実質的に各資格学校の理論暗記用教材で覚えた内容をいかに早く書けるかという速記大会のようになっている科目が多いです。

また、計算問題については、あまり奇をてらった問題を出したり出題形式を大幅に転換することはなく、過去の出題形式を踏襲した問題が多く出題される傾向にあります。

消費税法は実務家が作問することを念頭に置いておこう

消費税法は実務家の先生が作問する試験であるため、具体的な取引事例への応用力や実践的な計算力が試される問題が多く出題されることを念頭に置きながら学習を進めていくとより効率的に本試験対策ができるのではないかと思います。

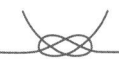

例外もあり得ることを忘れずに

出題傾向については、試験委員の違いによる大まかな傾向の違いはあるものの、試験委員の方の出題方針によっては、必ずしも上述の傾向に当てはまる問題が出題されるとは限りません。

頻度としては少ないですが、消費税法の試験でも、財務諸表論の理論問題のような制度趣旨を問う問題が出題されることが稀にあるため、上述の出題傾向には例外もあり得ることを忘れないでください。

　なお、消費税法における制度趣旨・背景を問う理論問題については、極意27で詳しく解説します。

令和元年の試験では、2科目同時合格者は全体の
約3.1%、3科目同時合格者は全体の約0.15%で
す。複数科目同時合格の難易度を把握した上で受
験計画を立てましょう。

 ## 複数科目同時合格者はあまり多くない

　税理士試験の受験生の方は、1回の試験で複数科目合格(2科目以上同時に合格)している人が何人くらいいるのだろうかと気になったことはありませんか?

　国税庁のHPでは、税理士試験の合格者数や合格率などの試験結果が公表されていますが、合格者数は実人員でしか発表されておらず、複数科目を同時に合格していたとしても1人としてカウントされるため、合格者の合格科目数を知ることはできません。

　そこで、具体的な人数を知ることはできなくても、大まかな人数を知りたいと思い、国税庁に対して行政文書開示請求手続きを行って入手したデータを元に、令和元年度(第69回)税理士試験の受験者の合格科目数について統計学的に推計しました。

　その結果(95%の信頼性をもって)、令和元年度(第69回)税理士試験における合格科目数の大まかな内訳は次の表のとおりになることがわかりました(端数処理の関係上、合計はぴったり一致しません)。

	人数	全受験生に占める割合
0 科目合格者数	24,391 人	81.9%
1 科目合格者数	4,401 ～ 4,448 人	14.7 ～ 14.9%
2 科目合格者数	872 ～ 968 人	2.9 ～ 3.2%
3 科目合格者数	20 ～ 67 人	0.07 ～ 0.23%
4 科目合格者数	0 人	0%
5 科目合格者数	0 人	0%
合計	29,779 人	100%

　また、単科目受験生を除いた統計結果（＝ 2 科目以上受験した受験生の同時科目合格率）については、次のようになります。

---

2 科目以上受験した受験者数：9,832 人

2 科目合格者数（推計）：872 ～ 968 人

2 科目以上受験した受験者が 2 科目合格する割合（推計）：8.87 ～ 9.85%

---

3 科目以上受験した受験者数：1,263 人

3 科目合格者数（推計）：20 ～ 67 人

3 科目以上受験した受験者が 3 科目合格する割合（推計）：1.58 ～ 5.3%

　なお、検証内容については本書では割愛します。興味がある方は、下記URL を参照してください。

＜消費税法一問一答アプリ公式 HP ＞

　『税理士試験の複数科目同時合格者数は何人？統計学的に推計してみた』https://shouhizei-quiz.com/?p=6405

 ## 複数科目合格の難易度を踏まえて受験計画を立てよう

　上記の数字から、複数科目を同時に合格することがいかに難しいかがわかります。

　試験に早く合格することを考えた場合や、簿記論と財務諸表論の組み合わせなど相性のいい科目を同時に学習する場合は、複数科目同時に受験する方がいい場合もあります。また、専念受験生や学生など試験勉強のための時間を多く割ける人は複数科目同時合格を狙うのはアリだと思います。

　一方で、あまり試験勉強のための時間を多く割けない状況の中で複数科目を受けることとなると、「二兎を追う者は一兎をも得ず」という結果に終わってしまうリスクもあります。

　複数科目を同時に受験しようと考えている方は、上記の数字を参考にして、複数科目受験すべきかどうか、自身の学習到達度や試験勉強のための時間を充分用意できる状況にあるかどうか等を考慮しながら考えるようにしましょう。

極意 11 「官報調整」という都市伝説は気にしない

官報合格にリーチがかかっている受験生は「官報調整」が行われ合格率が低くなると巷では言われていますが、それは信憑性の乏しい都市伝説です。気にする必要はありません。

官報調整とは

　税理士試験は、受験科目が5科目に達すると合格者となり、官報に名前が公表されます。

　「官報調整」とは、合格者数を絞るために、その試験で5科目合格に達する受験生の合格点が他の受験生よりも高く設定されるなどの何らかの不利な調整が加えられるという真偽不明な都市伝説です。

　税理士試験を実施している国税庁からこのような調整を行っていることが公表されているわけではありませんが、順調に4科目合格していた受験生が最後の1科目がなかなか受からないことなどがこのような噂を生み出しているのかもしれません。

　これを回避するために、4科目合格しているけどあえて受かるつもりのない科目と一緒に2科目出願して官報に載らないようにする人もいます。

　果たして、この噂は本当なのでしょうか？

官報調整は存在しない

結論から先に書くと、官報調整は存在しません。

実は、僕は過去に、官報調整が本当に存在するのかについて検証するために、極意10でも触れた行政文書開示請求手続きにより入手した資料をもとに統計学的な分析を行ったことがあります。

　その結果、官報リーチ受験者に対して何らかの不利な調整が行われている可能性は極めて低い、すなわち、官報調整が行われている可能性は極めて低いという結論が得られました。

　なお、検証内容については本書では割愛します。興味がある方は、下記URL を参照してください。

＜消費税法一問一答アプリ公式 HP ＞
　『税理士試験の官報調整は本当にあるのか？統計学的に検証してみた』https://shouhizei-quiz.com/?p=6356

 ## 都市伝説に惑わされる必要はない

　実は、僕自身が税理士受験生だったときに官報調整の噂は耳にしたことがあり、官報合格前の最後の1科目を受けるときはこの都市伝説にとても惑わされてしまいました。

　しかし、上述の検証により官報調整は存在しないと断言しますので、官報リーチの受験生の方は、都市伝説に惑わされることなく、自信をもって試験に臨んでいただいて大丈夫です。

「官報調整」という都市伝説は何故広まったのでしょうか？

僕の考えとしては、「レアなケースの方が印象に残りやすいから」というのが原因だと思います。

例えば、星座や血液型などの占いで、1日の運勢として予言された内容のうち、はずれたものは印象に残らず、覚えていることはほとんどないと思いますが、占いの内容がぴったり当たった場合は印象に強く残り、そのことをよく覚えていると思います。実際には、はずれている占いの方が多くても、当たったときの印象が強いため「こんなにぴったり当たるなんて、何か神秘的な力で占っているんじゃないか？」と考える人も出てきます。

それと同じように、官報リーチまでたどり着いた受験生はとても優秀な方が多く「この人なら当然合格するだろう」と思われているため、実際にサクッと官報合格した場合は「まぁ、あの人なら受かって当たり前だよね」となり印象にあまり残りませんが、もし不合格となった場合は「え！？あんなに優秀な人がどうして！？」と強く印象に残ります。実際には順当に官報合格した人の印象よりも不合格となった人の印象の方が強いために「官報リーチの優秀な受験生がやたらと不合格になっている……。もしかしたら官報調整が行われているんじゃないか？」という考えも出てきます。

このように、レアなケースの方が強く印象に残るという人間の心理が「官報調整」という都市伝説を生み出したのではないかと考えます。

本試験では、出題条件に不備のある問題がたまに
出題されます。そのことを知っているだけでも、
本試験中に慌てふためいてしまうリスクが減りま
す。

本試験の出題不備はたびたび発生している

受験生の方は、「国家試験なのだからかなりよくできた、しっかりと練られた問題が出題されるだろう」と思っている方が多いかもしれませんが、残念ながらそれは大きな勘違いです。

資格学校の答練は、何人もの講師が目を通して条件不備等がないようにしっかり厳重にチェックがされた質の良いしっかりとした問題が出題されます。

一方、税理士試験本試験は、官僚や実務家の試験委員が、本職の仕事の傍らで試験問題を作っています。また、試験委員は資格学校のような問題を制作するプロではないため、あまり質が高いとは言えない問題が出題されることも多く、チェック体制もあまりしっかりしていないようなので出題不備が頻繁に発生しています。

中でも特にひどかったのは、第72回（令和4年度）税理士試験の「固定資産税」の第二問・問1の計算問題です。出題条件の不備により解答が導き出せない問題が出題され、国税審議会が謝罪文を公表するという前代未聞の事態となりました。

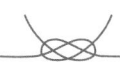 ## 消費税法の出題不備一覧

消費税法についても例に漏れず、出題条件に不備のある問題がたびたび出題されています。近年の消費税法の試験で出題された条件不備問題についてまとめると次のようになります。

出題回（年度）	該当箇所	内容
第74回 （令和6年度）	第二問・ 問2	平成6年1月に小型トラックのリース契約を締結し、リース料を支払ったとあるが、個人事業者Xが開業したのは令和元年であるため、おそらく契約締結日は「令和6年1月」の間違え
第72回 （令和4年度）	第二問・ 問1	乙社の25〜26期の納税義務の有無の情報が記載されておらず納税義務判定ができない
第72回 （令和4年度）	第二問・ 問1	冷蔵ショーケースのリース料の支払額のうち利息相当額部分が明示されているかどうかの記載がない
第66回 （平成28年度）	第二問	土地付建物に係る割戻しの金額の按分計算が端数処理の方法の違いにより別解が生じる
第66回 （平成28年度）	第二問	ソフトウェアのリース料について、一括控除か分割控除か、利息法か定額法かの記載がなく仕入税額控除を受ける金額が正確に算出できない
第66回 （平成28年度）	第二問	倉庫に対する対価補償金が建物部分に対するものなのか土地部分に対するものなのかの指示がなく課否判定ができない
第66回 （平成28年度）	第二問	運送用トラックの仕入れ等を行った課税期間において、個別対応方式により計算していたのか一括比例配分方式により計算していたのかの記載がなく、著しい変動の調整の判定ができない
第66回 （平成28年度）	第二問	ソフトウェアの仕入れを合併法人が行ったのか被合併法人が行ったのかの記載がなく調整対象固定資産に係る仕入れ時の処理を読み取ることができない
第66回 （平成28年度）	第二問	保険料50,000円が貨物船への積み込み前に要したものか積み込み後に要したものか読み取れず、FOB価格の算定ができない

第 65 回 （平成 27 年度）	第二問・ 問 1	F 社から預かっている営業保証金が F 社に対する売掛金についての担保物であるかどうか読み取れず、貸倒控除の判定ができない
第 65 回 （平成 27 年度）	第二問・ 問 2	旅館の宴会売上について、請求書等において飲食物の提供料金と会場使用料を区別して請求しているのかどうかの記載がなく事業区分の判定ができない
第 64 回 （平成 26 年度）	第二問・ 問 1	外国法人から受けた市場調査に係る情報提供が行われた場所が記載されておらず、国内取引に該当するか判別できない
第 62 回 （平成 24 年度）	第二問	丙の平成 21 〜 22 年の納税義務の有無の情報が記載されておらず納税義務判定ができない

　なお、出題不備問題についての詳しい解説は、次の URL に記載しています。

＜消費税法一問一答アプリ公式 HP ＞

　『税理士試験「消費税法」の近年の本試験の出題不備・不適切問題一覧』https://shouhizei-quiz.com/?p=12961

 **たびたび出題不備があることを知っておくだけでも違う**

　税理士試験の本試験では残念ながら出題条件に不備のある問題がたびたび出題されています。もしかしたら、あなたが受ける本試験のときにも出題不備があるかもしれません。

　条件不備で解けない問題に遭遇した場合、それに頭を悩ませて時間を割いてしまうと大きなディスアドバンテージとなってしまいます。

　そのため、本試験を受けている際に、問題文の条件だけではどうしても解けない問題に出会ったら「もしかしたらこれは出題不備かもしれない」と問題そのものの条件不備である可能性を疑えるようになることも重要です。

　本来なら、受験生がこんな無用な心構えを持って試験に臨む必要なんてないのですが、試験委員側がしっかり条件不備のない問題を出題してくれるよ

うになるまでは、残念ながら受験生側としても条件不備のある問題が出題される可能性を想定して試験に臨む必要があります。

 出題不備の問題に遭遇した場合は出題者の意向を忖度しよう

本試験で出題条件に不備のある問題に遭遇してしまった場合は、残念ながらその問題は解くことはできません。しかし、それでも本試験では何らかの回答を記す必要があります。そのような場合は、出題者の意向を忖度して回答を導き出すようにしましょう。

例えば、第72回（令和4年度）の第二問・問1では、乙社の25〜26期の納税義務の有無の情報が問題文のどこを見ても記載されていませんでした。しかし、資料を見ると、乙社は毎期数億円の課税売上げがある会社だとわかります。このことから、「乙社は毎期数億円もの課税売上げがあるほどの大規模な会社なのだから当然に課税事業者であるという前提で出題者は問題を作っていて、問題文に乙社が25〜26期に課税事業者かどうかを書くのを忘れていたのだろう」と、出題者の意向を忖度して問題を解き進めるよりほかありません。

本試験でどうしても解けない問題に遭遇したら、もしかしたら出題条件不備なんじゃないかと疑えるようになることが重要です。

また、その問題が出題条件不備だと確信した場合は、出題者の意向を忖度した上で何かしらの回答をできるようにする心構えを持っておくだけでも、何の心構えもなしで受験する場合と比べて大きく違ってきます。

極意 13 過去問は 3 ～ 5 年分くらい解こう

本試験でどのような出題のされ方をするのかを知るためにもっとも役に立つのが過去問です。5 ～ 6 月頃に、3 ～ 5 年分くらいを実際に解いてみましょう。

 **過去問は解いた方がいい**

　資格学校のカリキュラムには、近年の過去問で出題された論点はしっかり収録されているため、人によっては、過去問はやらなくても大丈夫だと考える人もいます。

　また、過去問を解く必要はないと考える理由として、近年の過去問で出題された問題が本試験で出題される可能性は低いということを挙げる人もいます。しかし、過去問で出題された問題が直近の試験で再び出題されることはよくあります。例えば、第 64 回（平成 26 年度）と第 65 回（平成 27 年度）の消費税法の試験では、2 年連続で「課税仕入れの意義を書きなさい」という問題が出題されているので、過去問で出た問題はしばらく出ないと考えるのは危険です。

　過去問を解くことで、本番の試験でどのような形式や難易度の問題が出題されるかを実際に体験することができます。

　本試験では、資格学校が作成する問題とは異なり、どのような解答を求められているのかはっきりと分かりにくい問題が出題されたり、極意 12 でも触れたような出題条件に不備のある問題が出題されることもあります。

　実際に過去問に触れておくことによって、本番でそのような問題が出題さ

れても慌てず平常心を保つことができるようになります。

　そのため、「過去問は解かなくてもいい」という意見もありますが、個人的には解いた方がいいと考えます。

　解く分量は、学習状況に応じて、3〜5年分くらいを解くといいでしょう。

 **過去問は5〜6月頃を目安に解こう**

　過去問を解く時期は、税理士試験本番の2〜3か月くらい前、つまり、5〜6月頃を目安に解くのがベストです。

　まだ実力が伴っていない早い時期に解くと全然得点ができずに落ち込んでしまうだけです。逆に、過去問を解く時期が遅すぎると、ゴールに向けて必要な取り組みを実施するための時間が充分に確保できなくなります。

　5〜6月頃に解くことによって、直前期における自分の実力を客観的に把握することができ、目指すべきゴールに向けて、残りの期間でどのような取り組みが必要になるのか具体的にイメージできるようになるため、最も効率的に学習計画を立てられるようになります。

　なお、学習状況によっては、過去問を解くのは必ずしもこの時期でなくてもかまいません。例えば、過年度に学習経験があり、すでにある程度の実力が伴っているのであればもっと早い時期に過去問に取り組んでもかまいません。逆に、受験勉強を始めたのが遅く学習状況が追いついていない場合は、これより遅い時期に取り組んでもかまいません。

　5〜6月頃というのは、あくまでも目安と考えてください。

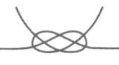 **初回はボーダー、解き直し時は確実ラインを目指そう**

　過去問には、各資格学校が予想した合格ボーダーラインと合格確実ラインが記載されていることが多いです。

過去問を解く際は、初回はボーダーラインの点数を目標にし、解き直しの際は合格確実ラインの点数を目標にしましょう。

コラム　税理士試験の過去問と答案用紙は国税庁 HP で手に入る

　税理士試験の過去問と答案用紙は、国税庁の HP で PDF データを無料で手に入れることができます。

国税庁 HP

－税の情報・手続・用紙

－税理士に関する情報

－税理士試験

https://www.nta.go.jp/taxes/zeirishi/zeirishishiken/zeirishi.htm

　ただし、模範解答は公表されていないので、問題を解いて自己採点もする場合は資格学校の教材に頼らざるを得ません。

　解き直しをする際には便利なので、是非活用してみてください！

極意 **14** 税理士試験に禁忌問題はたぶんない

医師国家試験などでは、一定の間違いをしたら即不合格となる「禁忌問題」というものがあります。税理士試験においては、医師国家試験のように一定の間違いを犯したら即不合格となるような取扱いはおそらくないだろうと考えられるので、心配する必要はありません。

禁忌問題とは

　医師や看護師などの医療系資格の国家試験では、命や臓器機能の廃絶に関わるような解答や倫理的に誤った解答を一定数選択すると、他の問題の点数に関わらず即不合格とされる「禁忌問題」というものがあります。

　税理士試験は、模範解答や採点基準が一切公表されていないため、税理士試験にも医師国家試験のように「禁忌問題」があるんじゃないかと不安に思ったことがある方もいるのではないでしょうか？

　この点については、最低基準が一切公表されていない以上明確なことは言えませんが、税理士試験にはおそらくそのような取扱いはないだろうと考えられています。

　よくある例として、「納税義務判定を書かなかった」「最終納付税額を書かなかった」ということで、もしかしたら採点されず即不合格となるんじゃないかと不安になった方が多くいるそうです。

　たしかに、納税義務判定をしていないのに当期は課税事業者という前提で問題を解き進めたり、「納付税額を計算しなさい」と指示されているのに納付

税額を書かなかったら、そもそも採点してもらえないんじゃないかと不安になる気持ちはわかります。

　しかし、本試験で納税義務判定を書かなかった人や納付税額を書かなかった人でも合格した人はいます。

　もし仮に、そのような一定の間違いにより即不合格とするような取扱いがされているのであれば、受験生にとっては極めて重大なことであるため、いくら採点基準が公表されていないとはいえ、そのような採点方法を採用していることくらいはさすがに公表されると思います。

　現状として、そのようなことは公表されていないため、税理士試験には禁忌問題はないと考えていいでしょう。

 特定答案に該当する場合は即不合格なので注意

　「納税義務判定をしなかった」「納付税額を書かなかった」など、解答内容に関することで即不合格とされるような取扱いは存在しないだろうと考えられますが、試験に関する注意事項を守っていない答案は「特定答案」とされ即不合格となるので注意しましょう。

　「特定答案」の具体的な内容は、極意49で解説しています。

 **15** 極意 改正論点はしっかりと
押さえよう

> 税理士試験では、どの科目でも改正論点は非常に
> 高い確率で出題されます。改正論点のみを押さえ
> るのではなく、その改正論点が出題されるとした
> らどんな形式になるかも予想し、関連する論点の
> 対策も立てるようにしましょう。

改正論点は高確率で出題される

　税理士試験ではどの科目でも改正論点が非常に高い確率で出題されます。

　消費税法においても同様、近年の主な税制改正論点は、ほぼすべて改正が行われてから数年以内に何かしらの形式で出題されています。

　改正論点は、理論においても計算においてもいずれも重要度は高いので、しっかり押さえておくようにしましょう。

税理士試験の出題範囲は試験の公告日現在の施行法令等

　税理士試験は、毎年4月上旬頃に試験の施行についての公告が行われます。

　そこには、「解答にあたり適用すべき法令等は、令和〇年4月〇日（＝公布日）現在施行のものとする」と記載されているため、その日よりも後に施行される税制改正論点については出題範囲外となります。

　例えば、第73回（令和5年度）の税理士試験では、令和5年4月7日現在

の施行法令等によって出題されていたため、令和5年10月1日から開始する適格請求書等保存方式（インボイス制度）については出題範囲外となっていました。

　法令等の施行日はキリがいい日となっていることが多いので、受験年の4月1日以前に施行される改正論点が税理士試験の出題範囲になると思っておきましょう（「4月3日施行」などの中途半端な施行日の改正論点については、税理士試験の公告日以前の施行日のものは出題範囲内となります）。

　なお、資格学校では、どの改正論点が出題範囲になるのかしっかりとフォローしてくれるので、自分でどの改正論点が出題範囲になるか調べる必要はありません。

 税制改正論点に関連する論点を重点的に押さえよう

　税制改正論点からの出題可能性は非常に高いため、それに伴い出題内容がどのようになるかある程度予想することができます。また、その改正論点に関連する論点を重点的に押さえることでより優位に立つことができます。

　例えば、令和2年度税制改正において、非課税とされる住宅の貸付けの範囲の改正や居住用賃貸建物の仕入税額控除の制限が行われましたが、これらの論点は施行後すぐの第71回（令和3年度）の本試験で出題されました。

　このとき、「住宅の貸付けや居住用賃貸建物に係る改正論点が出題される可能性が高い　→　不動産関連の事業を行っている場合の問題が出題される可能性が高い　→　不動産取引に関するその他の論点も重点的に復習しておこう」という発想で、不動産取引に関する取扱いを重点的に復習するという対策を立てることができた受験生は、より優位に立つことができたでしょう。

　このように、税制改正論点を押さえるだけでなく、その改正論点が出題されるとしたらどんな出題形式になるかを予想し、関連する論点を重点的に押さえるようにしましょう。

**コラム　令和 7 年度税理士試験ではリバースチャージ方式も
　　　　重点的に押さえよう**

　第 75 回（令和 7 年度）の消費税法の試験では、令和 6 年度税制改正における「プラットフォーム課税」が出題範囲となります。

　直近の税制改正論点であるプラットフォーム課税の出題可能性は高いので、電気通信利用役務の提供に関連する取引の問題が出題される可能性も高くなり、それに伴いリバースチャージ方式などの関連論点の出題可能性も高くなることが予想されます。

　税制改正論点の内容のみ押さえておくのではなく、それに関連する論点についても、例年よりも高い重要性を持って押さえておくようにしましょう。

税理士試験に合格するためのモチベーションは何
だってかまいません。生々しい欲望や感情であっ
ても、それらが勉強するための原動力になるなら
何だって活用しましょう！

 税理士を目指す動機は何でもいい

あなたが税理士を目指している一番の理由は何ですか？

「税や会計に関する専門的な知識やスキルを生かして社会貢献したいから」
といった崇高な理念を一番に掲げている方もいるかもしれませんが、人には
なかなか表立っては言えないような動機を持っている方も多いのではないで
しょうか？

例えば、「お金持ちになりたい」「モテたい」「コンプレックスを克服した
い」「馬鹿にしてきたアイツを見返してやりたい」など、表立っては言いづら
い欲望や感情に突き動かされて税理士試験の勉強をしている方もきっと多い
と思います。

でも、それでいいんです。

その欲望や感情を原動力にして、税理士試験の勉強を続けるモチベーショ
ンにしましょう。

個人的に、何かを達成しようとする上で一番強力な原動力になるのは、き
れいごとで塗り固められた崇高な理念ではなく、人間の心の根底にある生々
しい欲望や感情だと思っています。

この本を手に取ってくださったあなたがどんな動機で税理士を目指してい

るのかはわかりませんが「こんな動機で税理士を目指していいのかな……」なんて思わずに、その心の根底にある生々しい欲望や感情をエネルギーに変えて税理士試験の勉強を続けるためのモチベーションにしましょう！

モチベーションが上がらないときは税理士になった姿を想像しよう

　税理士試験に合格するまでには長い期間が必要とされます。

　長い期間ずっとモチベーションを維持するのはなかなか困難であり、どうしてもやる気が出ないときもあります。

　そんなときは、税理士試験に合格し、晴れて税理士となった将来の自分の姿を想像してみるようにしましょう。

　ここで重要なのは、先ほども述べたような、生々しい欲望や感情がいかに満たされるかを想像することです。

　専門知識を活かしてクライアントに質の高いサービスを提供している自分の姿を想像するなど、税理士としての崇高な姿を想像することももちろん大切ではありますが、例えば、高所得の税理士となりたくさんの税理士報酬が振り込まれた通帳を見てニマニマしている自分の姿や、過去に自分を馬鹿にしてきたヤツと再会したときに「そういやオレ、税理士になったんだ」と伝え、歯ぎしりをしながら悔しさと羨望の眼差しをこちら向けている相手の姿を想像するなど、心の根底にある生々しい欲望や感情がどのように満たされるかを具体的に想像することも非常に重要です。

なぜ税理士になりたいのか、自分の本音と向き合おう

　税理士試験の勉強を続けている方の中には、「いったいなぜ自分は税理士を目指しているのだろうか……？」と、動機を見失っている方もいるかもしれません。

そんな時は、改めて「なぜ自分は税理士になりたいのか」と自分に問いかけ、自分の本音としっかり向き合うようにしましょう。

　そして、表立っては言えないような生々しい欲望や感情も包み隠さず洗い出し、それらをエネルギーに変えて税理士試験を続けるためのモチベーションにしましょう！

コラム

　僕が税理士を目指した一番の理由は「朝早く起きるのが嫌だから」です。

　僕は子どもの頃から朝早く起きるのが本当に苦手で、将来は早起きしなくてもいい自営業の職につきたいと思っていました。

　税理士になって自営業者になれば早起きをしなくて済むので、僕が受験生だった頃は「絶対に税理士になって毎朝早起きしなくても済む環境を手に入れてやる！」と意気込んで毎日勉強をしていました。

　僕が税理士を目指した動機と比べたら、おそらくあなたの動機の方が幾分かマシなのではないでしょうか？（笑）

　結果として、それが税理士試験の勉強を続ける上での活力となったのであれば、それでいいのです。

第 **2** 章

消費税法の勉強方法

　戦国武将の武田信玄が軍旗に記したとされる孫子の句「疾如風、徐如林、侵掠如火、不動如山（通称：風林火山）」は、戦いにおける時機や情勢に応じた適切な動き方に関する心構えを説くものですが、税理士試験の勉強においてもこの心構えを持つことが重要といえます。

　税法は税制改正の頻度が高く、とりわけ消費税法はここ数年の間に何度も大きな税制改正が重ねられ、その出題範囲や内容は大きく様変わりしました。

　どのように状況が変化したとしても対処できる普遍的な勉強法や思考プロセスを身に着けつつ、税制改正により新たな知識の習得が必要となった場合やこれまでの解き方や考え方が通用しなくなった場合にも機敏に対応できるようになることが大切です。

　そのためには、消費税法の特徴や出題傾向、消費税法と他の科目との勉強法の違いについてもしっかり理解しておく必要があります。

極意 17 消費税法の出題傾向と時間配分の目安を知ろう

近年の消費税法の試験は、制限時間内でとても解ききれないようなボリュームの問題が出題されます。理論：計算 = 50 分：70 分を目安に解き進めましょう。

 **消費税法の出題範囲**

税理士試験の実施要綱において、消費税法の出題範囲は「消費税法。消費税法に関する事項のほか、租税特別措置法、国税通則法など消費税法に関連する他の法令に定める関係事項を含む。」とされており、消費税法の本法の内容を中心に、同施行令、同施行規則のほか、法律ではありませんが消費税法取扱通達なども出題範囲に含まれていると考えられます。また、消費税額を計算する上で必要となる租税特別措置法や国税通則法などの関連法令等の知識も求められます。

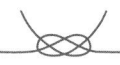 **消費税法の問題構成**

税理士試験消費税法の問題構成は、次のようになります。

設問番号	出題内容	配点
第一問	理論問題	50 点
第二問	計算問題	50 点

第一問（理論問題）は、個別論点等の論述問題と応用的な事例問題の 2 題

で構成されていることが多いです。

　第二問（計算問題）は、近年は2題構成の場合が多く、配点40点程度の総合計算問題と配点10点程度の個別計算問題という組み合わせの場合もあれば、配点25点ずつの総合計算問題が2題出題されることもあり、様々な形式が見られます。

 時間配分は理論 50 分、計算 70 分を目安に

　税理士試験消費税法の制限時間は2時間です。

　近年の消費税法の本試験は、制限時間ではとても解き切れないボリュームの問題が出題されるため、解ける問題と解けない問題を取捨選択しながら確実に得点を積み重ねていく必要があります。

　時間配分については、次を目安にして解き進めることをオススメします。

第一問（理論問題）	50分
第二問（計算問題）	70分

　理論問題と計算問題を比べると、計算問題の方が解くのに時間がかかるため、計算問題にかける時間を多めにしておく方が良いです。

　なお、これはあくまでも目安です。絶対にこの時間配分を守らなければならないというわけではありません。本試験の際は、問題全体に目を通した上で、出題内容に合わせて臨機応変に対応できるようにしましょう。

極意 **18** 理論の暗記・理解を
重視しよう

消費税法の勉強では、「理論→計算」という流れを
意識して学習する方が効率的です！

 ## 会計科目は「計算→理論」の流れが効率的

　会計科目は、「計算→理論」の流れを意識して学習するのが効率的です。会計科目を学習する上で最も重要なことは、複式簿記の構造を理解することです。複式簿記は、いきなり理論から覚えるよりも、実際に手を動かして仕訳を切り計算問題を解く方が直感的にも理解しやすく、体でその構造を覚える方が効率的です。

　実際に、資格学校のカリキュラムは、計算パターンの学習がまず先で、その後で理論を学習するという流れになっていることが多いです。つまり、資格学校の長年の経験と蓄積からも、会計科目は「計算→理論」の流れで学習するのが効率的だという結論が導き出されているのだといえます。

 ## 税法科目は「理論→計算」の流れが効率的

　税法科目は、会計科目とは逆で、「理論→計算」の流れを意識して学習するのが効率的です。会計は複式簿記という統一の原理に基づくものである一方、税法は法制度に基づくものであり、立法目的や基本原則はそれぞれ異なります。消費税法の場合だと、例えば、課税の対象範囲をどうするか、納税義務を負うのはどのような事業者か、簡易課税制度を適用した場合どのよう

に計算するかなど、各種条文の目的や趣旨はそれぞれ異なっています。

　税法の計算問題を解くためには、その土台となる条文などの正確な暗記や理解が必要となるため「理論→計算」の流れで学習するのが効率的です。

 やみくもに計算問題だけを解くのはやめよう

　会計科目の勉強では、計算問題をひたすらこなしていくことによって複式簿記の構造が見えてくるので、とりあえず計算問題だけ徹底的にやり込むのは、ひとつの勉強方法としてアリだと思います。

　しかし、消費税法を含む税法科目については、会計科目と同じようにやみくもに計算問題だけ繰り返すのは避けた方がいいです。例えば、課税の対象の４要件についてまったく理解していない状態で計算問題を何度も繰り返したとしても、課税の対象範囲の構造が見えてくるものではありません。

　税法科目を勉強するときは、やみくもに計算問題を解くよりも、まず先に理論を（完全に丸暗記とまではいかなくてもいいので）しっかりと理解することを重視するようにしましょう。

コラム　税法でも論点によっては計算重視でも OK

　税法科目でも、論点の内容によっては、「計算→理論」の流れで学習するのが効率的なものもあります。例えば、法人税法は、計算問題をひたすら繰り返すことによって、確定決算主義に基づく申告調整の全体像が見えてきます。消費税法についても、計算問題をひたすら繰り返すことで仕入税額控除制度の体系が見えてくるので、申告書の計算パターンを確認するためには実際に手を動かして計算問題を解くことを重視すべきでしょう。

　しかし、先ほども述べたように、消費税法を含む税法科目は、計算問題をやみくもにこなすだけでは効率的な理解が得られない論点が多々あるため、理論の学習もおろそかにしないように注意しましょう。

消費税法の問題は、課否判定などの「知っているか知らないか」で正否が別れる問題が多く出題されるため、知識の拡充を重視した勉強をしましょう。

 **税理士試験で出題される「難問」の性質を把握しよう**

税理士試験に合格するためには、基礎論点や重要論点の問題を絶対に取りこぼさないようにすることが大切であることは言うまでもありません。

しかし、税理士試験は上位約12％が合格する相対試験であるため、他の受験生と差をつけて合格ラインに乗るためには、「難問」といえる問題もある程度正解する必要があります。

「難問」といえる問題は、大きく分けて「計算力がないと解けない問題」と「知らないと解けない問題」の2種類があります。これらの両者の性質を備える「超難問」といえる問題もあります。

イメージを図にして表すと次のようになります。

問題を解くために必要な計算力

多

| ②難問 | ④超難問 |
| ①易問 | ③難問 |

少

少　　　　　　　　　　　　　多

問題を解くために必要な知識量

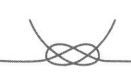

簿記論や財務諸表論は計算力を上げることを重視した方がいい

　簿記論や財務諸表論などの科目では、「知らないと解けない」という問題よりも、「計算力がないと解けない」という問題の出題割合が多いです。

　このような試験で高得点を取るための対策としては、基礎的な論点のトレーニングを積み重ねて、ボリュームが多い論点でも「速く」、かつ、ケアレスミスがないように「確実に」得点できるようにする勉強法が最も効率的です。

　なお、問題を解くのにかかる時間が多く、問題を解くために必要な知識量も多い「超難問」については、本試験では解かずに捨てる（又は後回しにする）のが得策です。

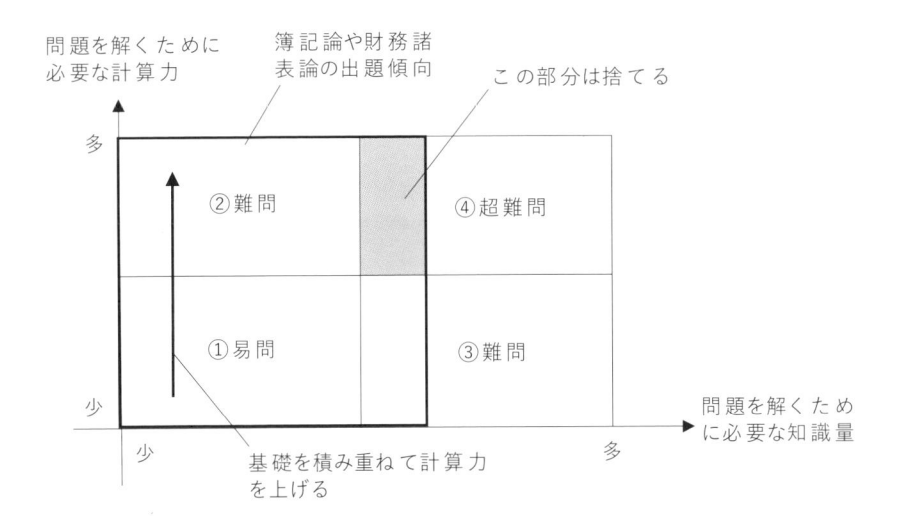

消費税法は知識の拡充を重視した方がいい

　消費税法の試験では、いったん申告書の計算パターンを覚えたら、あとは課否判定や課税仕入れの区分をいかにたくさん知っているかという知識量の勝負になります。

　つまり、消費税法の試験は「計算力がないと解けない」という問題よりも、「知らないと解けない」という問題の出題割合の方が多くなります。

　このような試験で高得点を取るための対策としては、消費税法施行令や消費税法基本通達などの細かい規定についても幅広く目を通して知識量を増やすことが重要になります。

　なお、消費税法の試験においても、問題を解くのにかかる時間が多く、問題を解くために必要な知識量も多い論点については、本試験では後回しにするか捨て問とするのが得策です。例えば、計算が複雑な納税義務の判定の問題や、課税売上割合の著しい変動があった場合の調整計算などは、時間がない場合は後回しにするか捨てるべきです。

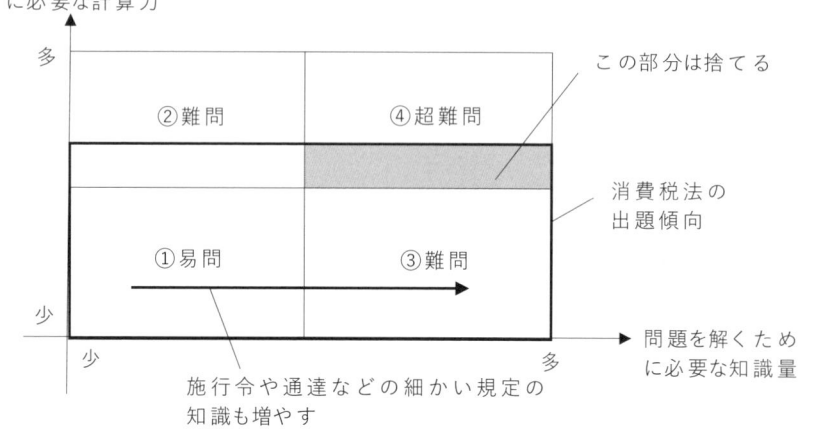

縦軸上端: 多
縦軸ラベル: 問題を解くために必要な計算力
横軸下端: 少 ← → 多
横軸ラベル: 問題を解くために必要な知識量

②難問　④超難問
①易問　③難問

この部分は捨てる
消費税法の出題傾向

施行令や通達などの細かい規定の知識も増やす

 **極意 20 条文に目を通す必要はない**

> 資格学校のテキストや理論暗記教材には、条文の
> エッセンスはまとめられているので、試験対策と
> して条文そのものを読む必要はありません。

条文はインターネット上で無料で見られる

消費税法やその関連法令の条文は、市販の法規集で見ることもできますが、インターネット上で「電子政府の総合窓口（e-Gov）」にアクセスすれば無料で見ることができます。

例えば、「消費税法 e-Gov」などのキーワードで検索すれば、たいてい検索結果の1番上にヒットします。

消費税法の試験範囲となる主な法令の e-Gov の URL と二次元コードは次のとおりです。

法令	URL	二次元コード
消費税法	https://laws.e-gov.go.jp/law/363AC0000000108	
消費税法施行令	https://laws.e-gov.go.jp/law/363CO0000000360	
消費税法施行規則	https://laws.e-gov.go.jp/law/363M50000040053	

| 国税通則法 | https://laws.e-gov.go.jp/law/337AC0000000066 | |
| 租税特別措置法 | https://laws.e-gov.go.jp/law/332AC0000000026 | |

 試験対策として条文に目を通す必要はない

「消費税法の試験を受けるのだから、消費税法の条文にも目を通した方がいいのでは？」と思う方もいるかと思いますが、その必要はありません。

実際に条文を読んでみると実感すると思うのですが、条文の規定はとても読みづらいです。ものすごく長いかっこ書きがあったり、「第○条第○項の規定による届出は〜」という書き方がされていてどの規定について言及しているのかわかりづらかったりなど、非常に読みづらい書き方がされています。

資格学校のテキストや理論暗記教材では、読みづらい条文が読みやすい文章に改編されており、条文のエッセンスがしっかりとまとめられています。

そのため、試験対策としては、条文には目を通す必要はなく、資格学校のテキストや理論暗記教材を読み込んでいれば十分です。

国税庁の HP に掲載されているパンフレットや通達、質疑応答事例などは税理士試験の勉強にも役立つものがあります。これらを上手く活用しましょう！

国税庁の HP は試験委員もおそらく参考にしている

　国税庁の HP は、各種税金の確定申告や申請手続きに関する情報や税制改正などの詳細情報を提供しており、納税者にとって最も信頼できる情報源のひとつです。

　消費税法の本試験でも、国税庁が公表している資料等をもとに作成されたとみられる問題が頻繁に出題されています。

　ここでは、国税庁の HP に掲載されている資料等のうち税理士試験の勉強をする上でも役に立つものを紹介します。

初学者・独学者の役に立つもの

　国税庁は、納税者が税金に関する諸制度を理解するための助けとして「パンフレット・手引き」及び「タックスアンサー」を公表しています。また、納税者向けではありませんが、初めて税法に触れる税務職員の研修生に税法の基礎的知識を学ばせるために税務大学校が作成した「税務大学校講本」が無料で一般公開されています。

　これらはそれほど専門的な内容ではなく、税理士試験の初学者や独学者に

とっての基礎的な内容の理解のために役立ちます。もし時間に余裕があれば、資格学校のテキストの副教材という位置づけで読んでみるのもアリです。ただし、実務色の強い内容や高難度の論点の解説も一部含まれているため、わからないところがあったらそこはスルーしてもかまいません。

　URLと二次元コードは次のようになります。

パンフレット・手引き	https://www.nta.go.jp/publication/pamph/01.htm#a-06	
タックスアンサー	https://www.nta.go.jp/taxes/shiraberu/taxanswer/code/index.htm#code08	
税務大学校講本	https://www.nta.go.jp/about/organization/ntc/kohon/index.htm	

 **上級者の役に立つもの**

　国税庁は、上記のほかに、税理士や国税職員などの専門家に向けて「基本通達」「質疑応答事例」「Q&A」「取扱通達」を公表しています。これらは専門的な内容のものが多いため上級者向けといえます。

　なお、資格学校のカリキュラムでは、これらに記載されている内容のうち重要度の高いものについてはしっかり収録されているため、資格学校のカリキュラムをしっかりこなしていればこれらに目を通さなくても合格ラインに達することができます。

　しかし、それでも本試験では資格学校のカリキュラム外の問題が出題されることがあるため、そのような問題も漏らさず得点したい人は、これらの資料にも目を通すといいでしょう。

　これらすべてに目を通すということは、資格学校のカリキュラム外の論点を独学で学習するということになります。極意3でも触れましたが、資格学

校のカリキュラムを充分に押さえられていない人がカリキュラム外の論点にまで独学で手を出すのはリスクを伴うということも念頭において、ある程度余裕がある人だけが目を通すようにしましょう。

消費税法基本通達	https://www.nta.go.jp/law/tsutatsu/kihon/shohi/01.htm	
質疑応答事例	https://www.nta.go.jp/law/shitsugi/shohi/01.htm	
消費税の軽減税率制度に関する Q&A（個別事例編）	https://www.nta.go.jp/taxes/shiraberu/zeimokubetsu/shohi/keigenzeiritsu/pdf/qa/03-01.pdf	
消費税の仕入税額控除制度における適格請求書等保存方式に関する Q&A	https://www.nta.go.jp/taxes/shiraberu/zeimokubetsu/shohi/keigenzeiritsu/pdf/qa/01-01.pdf	
国境を越えた役務の提供に係る消費税の課税に関する Q&A	https://www.nta.go.jp/publication/pamph/pdf/cross-QA.pdf	
消費税のプラットフォーム課税に関する Q&A（国外事業者用）	https://www.nta.go.jp/publication/pamph/shohi/kazei/pdf/0024004-028_02-1.pdf	
消費税のプラットフォーム課税に関する Q&A（プラットフォーム事業者用）	https://www.nta.go.jp/publication/pamph/shohi/kazei/pdf/0024004-028_02-2.pdf	

極意 **22** 余裕があれば実務書や判例集、税制改正大綱を読もう

> 極意 21 で紹介した国税庁の公表資料等の他に、学習状況に余裕がある人は実務書や判例集、税制改正大綱を読んでみるのもアリです。

 ### 実務書を読むメリット

　本屋さんに行くと、消費税法に関する数多くの実務書が書棚に置かれています。

　税理士試験消費税法の試験委員は実務家の先生が務められていることを鑑みると、税理士試験の教材とは違い実務的な視点から解説されている実務書を読むことは決してマイナスではありません。

　実際、本試験の過去問を見ても、消費税法の知識を個別具体的な応用事例に当てはめて考えさせる問題が多く、実務的な判断力も強く求められていると言えます。

　実務書を読むことにより、試験勉強だけでなく将来の実務においても役立つ知識とスキルを養うことができるため、資格学校のカリキュラムの学習状況に余裕がある方は、本屋さんで気に入った実務書を見つけたら、何冊か読んでみるのもアリです。

 ### 判例集等を読むメリット

　判例は、税法の条文解釈にあたって納税者側と課税庁側とで見解の相違が生じた場合に、司法判断によって示された法的な判断です。法的拘束力を持

つものではありませんが、法令の解釈を補い間接的な拘束力を持つものとされています。

　判例集は、重要な裁判例に関する解説が書かれており、法律の適用や解釈に関する具体的な判断が示されているため、判例集を読むことで条文の意味や意図を深く理解することができます。

　頻度としてはあまり多くないですが、税理士試験でも判例をもとに出題されることもあります。

　例えば、第60回（平成22年度）の本試験の理論問題では、仕入税額控除の適用要件である「帳簿の保存」の意義について、「帳簿の保存とは、単に物理的な意味で帳簿等を保存するだけでなく、税務職員の検査にあたって適時に提示することが可能なように体制を整えて保存することも含む」とする旨の最高裁判例について問われたことがあります。

　大半の受験生が解けなかったであろうと考えられる問題ですが、こういった難問も漏らさず得点できるようにしたい人は、判例集を読んで重要度の高い判例の内容についてだけでも押さえておくといいでしょう。

　また、国税不服審判所は公表裁決事例をインターネット上で無料公開しています。

　判例集と合わせて、国税不服審判所の裁決事例も是非活用しましょう。

＜国税不服審判所公表裁決事例要旨（消費税法関係）＞

https://www.kfs.go.jp/service/MP/05/index.html

 **税制改正大綱を読むメリット**

　税制改正大綱とは、翌年度以降の税制改正についての具体的な内容や検討事項をまとめた文書のことで、例年12月中旬ごろに政権与党が公表しています。

　インターネットでもPDFデータで見ることができます。「令和〇年度税

制改正大綱」などのキーワードで検索をかけると上位にヒットするため、そこから読むことができます。

税制改正大綱はすべての税目についてまとめられています。消費税法に関する税制改正の内容を読むときは、パソコンやスマホの単語検索機能を使って「消費税法」などのキーワードで検索すれば、そのワードを含む箇所がピックアップされるので、消費税法に関する改正点のみ絞って読むことができます。

税制改正大綱は、なぜその改正が行われるのか、その背景や目的についても詳しく説明しています。これを読むことで、税制改正の背後にある政策的な意図や経済的な背景を理解することができます。

税理士試験では、税制改正論点は高確率で出題されるため、税制改正大綱に自ら目を通して、税制改正の内容やその背景について理解することは税理士試験の勉強のためにも役立ちます。

 資格学校のカリキュラムを最優先で

ここでは、実務書や判例集、税制改正大綱を読むメリットを紹介しましたが、これは資格学校のカリキュラムを既に完璧に押さえており、かつ、今後の学習時間も十分確保できる余力がある人だけがやるべきです。

これらを読むことは、資格学校のカリキュラム外の論点を独学で学習するということであり、タイムパフォーマンスはあまり良くありません。

極意3でも同じことを書きましたが、資格学校のカリキュラムを充分に押さえられていない人がカリキュラム外の論点にまで独学で手を出すのはリスクが大きいのでやめておきましょう。

資格学校のカリキュラムの学習を最優先にして、それでもなお余裕がある人は、実務書や判例集、税制改正大綱も試験勉強のために活用してみてください。

コラム　判例がベースになっている取扱い

　基準期間における課税売上高の計算をする際、基準期間が免税事業者に該当していた場合は、税抜計算はせず、課税資産の譲渡等の総額を用いて、当課税期間の納税義務の有無や簡易課税制度の適用の有無を判定します。

　この計算方法は、資格学校の答練を解く際にも当たり前のように使っていると思いますが、実は、基準期間が免税事業者である場合の基準期間における課税売上高の計算方法については法令等で具体的に規定されておらず、最高裁判決で示された判断をベースに、現在の課税実務が運用されています。

　このように、判例をベースに実務上も運用されている取扱いは少なくありません。

　本試験では、判断根拠が判例に基づいているということまで知っている必要はないものが多いですが、余力がある方や消費税法の研究を深めたい方は、判例を色々と読んでみると面白い発見があるかもしれません。

極意 23 日常生活の買い物の消費税の課税関係を考えよう

消費税は日常生活の中で最も身近な税金で、普段の買い物で毎日のように支払っているはずです。そんな日常の買い物も消費税の勉強のために役立てましょう！

日常生活に潜む消費税の学習論点は意外と多い

普段あまり意識をしていないかもしれませんが、日常生活の中には消費税法に関する多くの学びの機会が隠れています。

例えば、休日にスーパーに行った場合に、商品価格が税込で表示されているのを目にしたら、そこから総額表示義務について考えるきっかけとなります。

そのスーパーでピーナッツとビールを買った場合、適用税率について考えるきっかけになります。ピーナッツは食品表示法に規定する食品に該当するため軽減税率対象品目であり、アルコール度数が1%以上のビールは酒税法に規定する酒類に該当するため軽減税率の対象範囲から除かれています。

また、レジで受け取ったレシートに目を向け、登録番号の記載があればそのスーパーは適格請求書発行事業者であることがわかりますし、小売業なので適格簡易請求書が交付されているんだなと、適格請求書の記載事項や適格請求書発行事業者の義務等について考えを巡らせるきっかけとなります。

この他にも、街中を歩いていて「Tax-Free」のシンボルマークを掲げているお店を見かけたら、輸出物品販売場制度について考えるきっかけになります。

インターネット上で有料コンテンツを購入した場合は、電気通信利用役務の提供について考えるきっかけになります。

風邪を引いて病院で診てもらい、診察代を払ったときは、非課税取引について考えるきっかけとなります。

自販機で飲み物を買った場合、簡易課税の事業区分は第何種になるのだろうかと考えるきっかけになります。

このように、日々の暮らしの中には、消費税に関する学びの機会がたくさん潜んでいます。

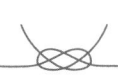
普段の買い物の消費税の課税関係を説明できるようになろう

日常生活に潜む消費税に関する学びの機会は、税理士試験の勉強のためにも是非とも活かすようにしましょう。

普段の買い物について、買い手である自分（事業者だと仮定）と売り手であるお店側のそれぞれの消費税の課税関係について説明できるように頭の中で考えることを日頃から習慣づけておくと、税理士試験の勉強のためにも役立ちますし、実際に自分が行った取引に関することなので記憶にも残りやすくなります。

何気ない日常の買い物について消費税法の理論に基づいてしっかりと課税関係を説明できるようになると、ただの一般人から税の専門家へと着実にステップアップしている実感を得られるため、自信にもつながりますし、買い物をするときの楽しみも増えるかと思います。

第 3 章

理論問題の解法テクニック

　戦いに勝利するための心構えとして「法を守り、勢を用う」と説く兵法があります。

　これは、まず法（基本原則や型）を守り、それに基づいて戦いの勢いを適切に使うという意味で、型を守ることが基本であり、そこから応用や柔軟性が生まれることを説いています。

　消費税法の理論問題を解く上でも、これと同じことがいえます。

　まずは個別理論や定型文をしっかりと覚えるとともに各論点の理解を深め、応用的な問題が出題された場合は、個別理論や定型文に基づいて柔軟な解答ができるようになりましょう。

極意 24 理論問題の出題パターンを知ろう

理論問題はおおまかに5種類に分類されます。問題文をよく読んで解答要求事項を把握し、どのように解答すればいいか考えるようにしましょう。

消費税法の理論問題の種類

本試験では、資格学校の理論暗記教材で覚えた内容をそのままベタ書きする問題もあれば、具体的な事例に基づいて課税関係を考えさせる問題も出題されます。

消費税法の理論問題は、おおまかに次のように分類されます。

問題の種類		内容	出題箇所
個別問題	ベタ書き問題	理論暗記教材で覚えた内容をそのまま（又は一部を抜粋して）書く問題	〔第一問〕問1で出題されることが多い
	絞り込み問題	複数の理論から、与えられたテーマに該当する項目を絞り込んで解答する問題	
	制度趣旨を問う問題	各規定が設けられた背景や制度趣旨を解答する問題	
事例問題	適用関係を問う問題	具体的な事例に基づき、課否判定、個別対応方式の区分経理、申請・届出手続きなどの適用関係を説明させる問題	〔第一問〕問2で出題されることが多い
	正誤問題	具体的な事例について、文章の正誤を判断し、その理由を解答させる問題	

各問題の種類の特徴と対策については、次項以降で詳しく解説します。

 解答要求事項をよく読み、どの種類の問題か判断しよう

まずは、問題文をよく読んで、解答要求事項を把握することが大切です。

そして、上記の分類のどの形式に該当するのか判断し、どのように解答すべきかの道筋を立てます。

どのような種類の問題であったとしても、解答要求事項に該当する個別理論が解答する上での軸となるため、個別理論をしっかりと頭の中で思い浮かべられるようにしましょう。

また、該当する理論をすぐに書き出すのではなく、解答項目をよく考えることが大切です。

解答項目が足りずに減点となってしまったり、不要な項目を書きすぎてしまい時間を無駄にしてしまうおそれがあるので、問題をよく読んで解答項目の範囲を的確に絞り込むようにしましょう。

 問題文を読むときに注意が必要な表現

問題文を読むときは、「以外」「〜を除く」「〜ない」「また」「なお」「ただし」といった表現に気を付けるようにしましょう。これらの表現を見落とすと、解答要求事項を誤ってしまいます。

例えば、僕の知人から聞いた実際にあった話なのですが、第70回（令和2年度）の本試験の問1(2)で、「事業者が国内において行った課税仕入れのうち、国外事業者から受けた電気通信利用役務の提供（事業者向け電気通信利用役務の提供を除く。）に係る仕入税額控除について述べなさい。」という問題が出題されたことがあります。この問題は、「（事業者向け電気通信利用役務の提供を除く。）」とあるため、いわゆる「消費者向け電気通信利用役務の提供」について書かせる問題なのですが、本試験の緊張で慌てていたため「を

除く。」の部分を読み飛ばしてしまい、事業者向け電気通信利用役務の提供について書いてしまったそうです。それにより、1点も点数がもらえない上に時間を無駄にしてしまうという悲惨な結果になってしまったそうです。

　このように、解答要求事項を誤ってしまうことがないように、文中の表現は注意深く読むようにしましょう。

極意 25 ベタ書き問題の解き方を知ろう

ベタ書き問題は、基本的には資格学校の理論暗記教材で覚えた理論をそのまま書けばいいのですが、複数の理論に渡る場合やボリュームが多い場合は、解答範囲の絞り込みが必要になります。

 ## ベタ書き問題の特徴

「ベタ書き問題」は、資格学校の理論暗記教材で覚えた個別理論をそのまま又は一部を抜粋して解答する形式の理論問題で、〔第一問〕の問1で出題されることが多いです。

このタイプの問題は、日頃からの理論暗記の精度が問われるとともに、解答範囲を的確に絞り込む判断力も問われます。

 ## ボリュームが多い場合の解答範囲の絞り方

ベタ書き問題では、理論暗記教材の個別理論の解答の柱のすべてを書ききるのは時間的に不可能なケースが多いです。このような場合は、大きな配点が振られる可能性が低いところを省略して、解答範囲の絞り込みを行う必要があります。具体的には、次のような項目は、大きな配点が振られる可能性が低いため、時間がない場合は省略してもかまいません。

①　直接問われていない部分

②　用語の意義

③　滅多に起きないケース（災害や困難な事情がある場合など）

④　消費税法施行令や消費税法施行規則の規定

①　直接問われていない部分

　解答要求事項として直接問われていない部分については、配点はないか、あったとしても部分点が少しあるだけなので、時間に余裕がない場合は省略してかまいません。

　例えば、次のような問題があったとします。

> 【問題】　免税事業者が課税事業者の選択をする場合の手続きについて説明しなさい。

　この場合、免税事業者に関する説明として、納税義務者の原則、小規模事業者に係る納税義務の免除を解答し、課税事業者の選択に関する説明として課税事業者選択届出書の提出時期や効力について解答すればいいんだなと、解答要求事項が判断できます。

　ここで、頭の中で、暗記している理論暗記教材の内容を思い出すと、課税事業者の選択の個別論点には「選択不適用の届出」や「調整対象固定資産の仕入れ等を行った場合」の規定についても記載されています。これらの論点も書いた方が良いのでしょうか？

　この場合、時間に相当余裕があるのであれば書いてもいいですが、そうでない場合は省略すべきです。

　税理士試験は模範解答や採点基準が公表されていないため、どこに配点箇所があるかわかりません。

　「選択不適用の届出」や「調整対象固定資産の仕入れ等を行った場合」の論

点も、解答要求事項に間接的には関連のある論点なので、もしかしたら配点があるかもしれませんが、これらは直接的に問われている論点ではないため、配点があったとしてもかなり少ない点数だと考えられます。

もしこれらにも大きな配点が振られるのであれば、「なお、課税事業者の選択をやめる場合や調整対象固定資産の仕入れ等を行った場合の規定についても触れること。」などの指示があるはずです。

そういった指示がないのであれば、直接的に問われていない部分については省略して、他の問題を解く時間を確保する方が得策です。

②　用語の意義

理論暗記教材では、条文の中で登場した「用語の意義」について、解答の柱を設けて記載している場合があります。

例えば、課税売上割合が著しく変動した場合の消費税額の調整の個別理論では、「比例配分法」や「第三年度の課税期間」「通算課税売上割合」などの用語について個別に記載しています。本試験で個別論点が問われた場合、これらは書く必要があるのでしょうか？

この点についても先ほどと同様に、時間に余裕があれば書いてもいいですが、そうでない場合は、そこに配点が置かれる可能性は低いので省略してもかまいません。

もし問題文に、その用語の意義を書きなさいとストレートに書いてあった場合は絶対に書かないといけませんが、そうでない場合は、用語の意義について説明することなく、その用語を用いて論述してかまいません。

③　滅多に起きないケース（災害や困難な事情がある場合など）

資格学校の理論教材では、災害があった場合や困難な事情がある場合などの特殊ケースについての規定も記載されています。

こういった滅多に起きないケースについては、そこに配点が置かれる可能性は低いため、時間に相当余裕があれば書いてもかまいませんが、そうでな

い場合は省略するようにしましょう。

④　消費税法施行令や消費税法施行規則の規定

　試験上、消費税法施行令や消費税法施行規則の規定は、本法の規定に比べると重要度は劣り、重要度に比例して大きな配点が置かれる可能性も低くなります。

　資格学校の理論暗記教材では、どの部分が本法の規定で、どの部分が消費税法施行令や消費税法施行規則の規定なのか区別がつくように記載されていることがあります。それを参考に、本法の規定とそれ以外の規定を区別して暗記するようにし、本試験では、状況に応じて、消費税法施行令や消費税法施行規則の規定のうち重要度の低いものは省略して解答するようにしましょう。

　なお、消費税法施行令や消費税法施行規則の規定であっても、理論の内容によっては重要度が高く省略してはいけない部分もあるため、問題文をよく読んで解答要求事項をしっかり把握した上で判断するようにしましょう。

 それでも時間がない場合は端的に書こう

　上述のように配点が置かれる可能性の低い箇所を省略したとしても、それでも解答要求事項のボリュームが多すぎて時間が足りないことがあります。

　そのような場合は、重要度の高いところはしっかりと書いて、重要度が相対的に低い箇所については端的な書き方をするようにしましょう。

　例えば、納税義務の免除の特例に関する規定を横断的に問われた場合に、時間がない中で、相続があった場合の納税義務の免除の特例について記述するケースを考えます。

　この場合、相続があった年の取扱いについてはしっかりと丁寧に書き、その翌年及び翌々年の取扱いについては、「なお、相続があった年の翌年及び翌々年においても、一定の要件を満たすときは、その相続人のその年におけ

る課税資産の譲渡等については納税義務が免除されない。」といった形で、端的な書き方をしてもかまいません。

「一定の」という表現は、端的な書き方をする上で便利なフレーズなので必要に応じて使用するようにしましょう。

また、日頃の勉強の際も、学習状況に余裕があればでいいので、本試験で時間が足りなくなった場合を想定して、各個別理論を端的に略す場合どのように書くかもあらかじめ想定しておくと良いでしょう。特に、納税義務関連は横断的な問われ方をすることが多いので、それぞれの理論の端的な書き方も考えておきましょう。

絞り込み問題は、複数の理論から与えられたテーマに該当する項目をピックアップする形式の問題です。普段から、複数の理論のつながりや関係性を意識しながら学習することが重要になります。

絞り込み問題の特徴

　絞り込み問題は、複数の理論から与えられたテーマに該当する項目をピックアップする形式の問題で、適用要件や計算方法、比較などの問題が出題されます。

　ひとつの個別理論からだけでなく、複数の個別理論から必要な部分を抜粋して解答することも必要になるため、日頃から複数の理論のつながりや関係性を意識しながら学習することが重要になります。

絞り込み問題の具体例

　過去問の中から、実際に出題された絞り込み問題をいくつか実際に見てみましょう。

① **第 70 回（令和 2 年度）本試験問題**

> 課税仕入れ等に関する諸事項が記載された帳簿及び請求書等を保存している場合であっても、消費税法において仕入税額控除を受けるための規定が適用されない場合について述べなさい。（…後略）

　この問題は、仕入税額控除の制限を受ける下記のケースについてピックアップする問題です。

(1)　適格請求書発行事業者以外の者から課税仕入れを行った場合

(2)　居住用賃貸建物に係る課税仕入れ等を行った場合

(3)　金又は白金の地金に係る課税仕入れについて相手方の本人確認書類を保存しない場合

(4)　密輸品と知りながら課税仕入れを行った場合

(5)　免税購入された物品と知りながら課税仕入れを行った場合

(注)　第 70 回（令和 2 年度）の本試験当時は、①適格請求書発行事業者以外の者から課税仕入れを行った場合及び⑤免税購入された物品と知りながら行った課税仕入れは解答範囲になく、「登録国外事業者以外の国外事業者から消費者向け電気通信利用役務の提供を受ける場合」が解答範囲に含まれていました。

② **第 68 回（平成 30 年度）本試験問題**

> その課税期間に係る基準期間における課税売上高が 1,000 万円以下である場合（その課税期間に係る基準期間がない場合を含む。）であっても、消費税法第 9 条第 1 項の規定が適用されずに、課税資産の譲渡等及び特定課税仕入れについて納税義務が課される課税期間について簡潔に述べよ。（…後略）

　この問題は、基準期間における課税売上高が 1,000 万円以下である場合でも納税義務が免除されないこととなる下記のケースをピックアップする問題です。この問題は、各規定の詳細も記載する必要があるため、ベタ書き問題

としての性格も有しています。

(1) 課税事業者の選択の届出

(2) 前年等の課税売上高による納税義務の免除の特例の特例

(3) 新設法人の納税義務の免除の特例

(4) 特定新規設立法人の納税義務の免除の特例

(5) 高額特定資産を取得した場合の納税義務の免除の特例

③ 第65回（平成27年度）本試験問題

（…前略）一の取引について、売主が行う取引が「課税資産の譲渡等」に該当するのであれば、買い主側では「課税仕入れ」に該当するように、「課税資産の譲渡等」と「課税仕入れ」は、表裏の関係にあるものであるが、表裏の関係とならない取引がある場合には、その取引について理由を付して具体的に述べなさい。（…後略）

この問題は、「課税資産の譲渡等」と「課税仕入れ」が表裏の関係とならない下記の取引についてピックアップする問題です。

(1) 輸出免税取引となる場合

(2) 売主が消費者で、買い主が事業者の場合

(3) 売主が事業者で、買い主が消費者の場合

(4) みなし譲渡が行われた場合

 **絞り込み問題は部分点を狙いに行こう**

個人的に、理論問題の出題パターンの中ではこの絞り込み問題が一番難しいと思います。

上位合格者の中でも、絞り込み問題ですべての項目を完璧に解答できる人はそういないんじゃないかと思います。

このパターンの問題は、満点は取れなくてもいいと初めから割り切って、重要度の高い項目をしっかり解答して部分点を狙いに行くようにしましょう。

消費税法でも、財務諸表論でよく問われるような制度趣旨や背景について問われる問題がごく稀に出題されます。余裕があれば、キーワードだけでも押さえておきましょう。

 **制度趣旨を問う問題の特徴**

　制度趣旨を問う問題では、その規定が設けられた趣旨や法改正が行われた理由について問われます。

　極意9でも触れましたが、消費税法の試験では、財務諸表論の理論問題のように制度趣旨や背景について問われることは少なく、具体的な事例に基づく問題が多く出題される傾向にあります。

　ただし、ごく稀にですが、消費税法でも制度趣旨や背景について問う問題が出題されることがあります。

　近年では、消費税法の本試験において、第69回（令和元年度）では輸出免税制度が採用されている理由について、第64回（平成26年度）では仕入税額控除制度の趣旨について、第62回（平成24年度）では課税期間における課税売上高が5億円を超える場合に仕入税額の按分計算が必要となる法改正が行われた理由について問われています。

 **重要な規定の制度趣旨だけ簡潔に覚えよう**

　消費税法で制度趣旨や背景について問われる問題が出題される頻度はあま

り多くないので、このタイプの問題の対策のために多くの時間を費やすことはあまり得策ではありません。

　資格学校の教材でもあまり制度趣旨や背景の説明は重視していないので、しっかりと理解するためには専門書なども読む必要があり、タイムパフォーマンスはあまりよくありません。

　そこで、本書では、消費税法における重要な規定の制度趣旨を簡潔にまとめましたので、学習状況に余裕があれば押さえておいてください。

　キーワードには下線を引いてあるので、キーワードだけを覚えておくようにしてもかまいません。満点は取れなくてもいいので、部分点だけでも狙いに行くようにしましょう。

規定の種類	制度趣旨
電気通信利用役務の提供に係る国内取引の判定	法改正以前は、インターネット等を介して行われる電子書籍や音楽等の配信について、国外事業者が行う場合は不課税となる一方で、国内事業者が行う場合は課税とされていたことから、課税の公平性を確保するために、法改正により電気通信利用役務の提供については「役務の提供を受ける者の住所等」が国内であるかどうかにより国内取引の判定を行うこととされた。
非課税取引	消費に負担を求める税としての性格から課税の対象としてなじまないものや社会政策的配慮から、一定の取引について課税しないこととしている。
輸出免税制度	国内で消費される商品やサービスに税負担を求める消費地課税主義に基づき、日本の消費税を国外の消費者に負担させることを防ぐため。
輸出物品販売場制度	国内で消費される商品やサービスに税負担を求める消費地課税主義に基づき、日本の消費税を国外の消費者に負担させることを防ぐとともに、外国人観光客の購買意欲を促進するため。
小規模事業者に係る納税義務の免除	小規模事業者の事務負担に配慮するため。

課税事業者の選択	納税義務が免除される小規模事業者にも還付申告の機会を与えるため。
納税義務の免除の特例 （前年等、新設合併、分割等、新設法人、特定新規設立法人）	設立当初から相当の事業規模を有する事業者については事務負担に配慮する必要がないため。
納税義務の免除の特例 （相続、吸収合併、吸収分割）	相続、吸収合併、吸収分割に伴う事業規模の拡大を納税義務の判定に反映させる必要があるため。
高額特定資産を取得した場合の納税義務の免除の特例及び簡易課税制度の適用制限	課税事業者が、原則課税の課税期間に行った棚卸資産等の取得に係る課税仕入れ等について仕入税額控除を行った上で、翌課税期間に簡易課税制度を適用してそれを売却することにより仕入税額の二重控除を行うことを防ぐため。
課税期間の特例	恒常的に消費税の還付が見込まれる輸出事業者等が、課税期間を短縮することにより早期に消費税の還付を受けられるようにするため。
リバースチャージ方式 プラットフォーム課税	国外事業者が国内において課税資産の譲渡等を行っているにもかかわらず、消費税の申告漏れが生じている状況が散見されていたことを受け、国外に拠点を置く国外事業者からの適正な納税を確保するために課税方式の見直しが行われた。
みなし譲渡 低額譲渡	個人事業者や法人の役員は、仕入税額控除の対象となった棚卸資産や事業用資産を家事のために消費又は使用したり、役員に対して贈与又は著しく低い価額で譲渡することが自由にできるので、税負担の公平性を確保するために、これらの行為が行われた場合は一定額を課税標準額に算入することとされている。
軽減税率制度	低所得者への配慮の観点から、令和元年10月1日からの税率引き上げに伴い、飲食料品と一定の新聞を軽減税率の対象とすることとされた。
仕入税額控除制度	取引の各段階において二重、三重に消費税が課されることがないように、事業者の納付税額の計算にあたり、その前段階で課された消費税額を控除することにより税の累積を排除するため。

適格請求書等保存方式	複数税率制度のもとにおいて、売り手が買い手に対し正確な適用税率や消費税額等を伝えるための手段を担保するため。
仕入税額の按分計算の要否判定	その課税期間における課税売上割合が95％以上である事業者については、控除対象仕入税額の計算に係る事務負担に配慮して、仕入税額の全額控除が認められている。 ただし、相当の事業規模を有する事業者については事務負担に配慮する必要がないため、課税期間における課税売上高が5億円を超える事業者は、その課税期間における課税売上割合が95％以上であっても仕入税額の按分計算が必要とされている。
居住用賃貸建物の取得に係る仕入税額控除の制限	非課税売上げとなる住宅の家賃に対応する仕入れである住宅の建物の取得に係る税額については、本来仕入税額控除の対象とならないが、金地金などの売買を繰り返すことにより作為的に課税売上割合を95％以上に増大させ、仕入税額控除の適用を受けることが可能となっていた。そこで、仕入税額控除制度の適正化を図るために、居住用賃貸建物を取得した場合については、仕入税額控除が制限されることとなった。
非課税資産の輸出	非課税資産の輸出売上げを課税売上割合の分母にのみ算入し、また、そのために要する課税仕入れを非課税売上対応課税仕入れとすると、それにより仕入税額控除の対象とならなかった税額が取引価格に転嫁され、実質的に国外の消費者が日本の消費税を負担することになり、消費地課税主義にそぐわないため。
資産の国外移送	本船甲板渡し価格を課税売上割合の計算上考慮しない場合、その分だけ課税売上割合が減少し、それにより仕入税額控除の対象とならなかった税額が取引価格に転嫁され、実質的に国外の消費者が日本の消費税を負担することになり、消費地課税主義にそぐわないため。

仕入れに係る対価の返還等	いったん課税仕入れとして計上した金額につき、その後値引き等があった場合に、その部分の消費税額を控除対象仕入税額から控除することにより適正な税額計算を行うため。
調整対象固定資産に係る調整（著しい変動、転用）	長年にわたって使用する固定資産について、それを取得した課税期間の状況のみで課税関係を完結させてしまうと、課税売上割合が大きく変動した場合や固定資産の用途変更をした場合に、売上げと仕入れの対応関係の実態が反映されなくなることから、これを是正するため。
棚卸資産に係る調整	納税義務の有無が切り替わるタイミングで保有している棚卸資産に係る消費税額につき一定の調整を加え、各期間の売上げに係る消費税額と仕入れに係る消費税額のバランスを保つため。
簡易課税制度	中小事業者の控除対象仕入税額の計算に係る事務負担を軽減するため。
売上げに係る対価の返還等	いったん課税売上げとして計上した金額につき、その後値引き等があった場合に、その部分の消費税額を課税標準額に対する消費税額から控除することにより適正な税額計算を行うため。
貸倒れに係る消費税額の控除	いったん課税売上げとして計上した金額につき、その後貸倒れにより代金が回収できなくなった場合には、結果的に「対価を得て行われるものであること」という課税の対象の要件を欠くものに課税が及ぶこととなるので、貸倒れに係る消費税額を課税標準額に対する消費税額から控除することにより適正な税額計算を行うため。
公益法人等の特定収入に係る仕入税額控除の特例	対価性のない収入を主な財源とする公益法人等は、その収入を原資として課税仕入れを行うことにより恒常的に還付を受けられる可能性があり、公益法人等だけが優遇されることになるため、特定収入に係る仕入税額控除の特例を設けることにより税負担の公平性の確保が図られている。
総額表示義務	消費者が支払う価格を一目でわかるようにすることにより、消費者の利便性の向上に資するため。

具体的な事例に基づいて適用関係を問う問題でも、一番大事なことは、個別理論についてしっかりと理解を伴った暗記を心がけることです。また、定型文を覚えることによりある程度対応することができます。

適用関係を問う問題の特徴

　適用関係を問う問題は、具体的な取引事例に基づいて、消費税の課税関係がどうなるかや必要な申請・届出手続きの方法について説明させる問題です。

　様々な問われ方をしますが、与えられた事例が何の論点について問われているのかさえわかれば、個別理論で覚えたことを当てはめればしっかりと得点することができます。

適用関係を問う問題の対策法

　このタイプの問題を解けるようにするための一番の対策は、個別理論についてしっかりと理解を伴った暗記を心がけることです。

　また、普段から理論暗記をする際に、ただやみくもにその理論を覚えるだけでなく、実務的な視点で、その論点に関連する現実に起こり得る取引の様々なシチュエーションを具体的にイメージすることも大切です。

　計算問題で出題された事例について、もし理論問題で同じ事例の適用関係を問う問題が出題されたらどのように解答するかを考えるのもアリです。

 **定型文を覚えよう**

　「消費税法の適用関係を説明しなさい」「消費税の取扱いを述べなさい」といった包括的な問われ方をする問題は、定型文を覚えておくことで対応できる場合が多いです。

　次のページ以降で、項目ごとの適用関係の書き方を定型文で紹介します。

　問われ方によっては定型文どおりにはいかないこともありますが、たいていの問題は定型文に沿って書けば大丈夫なので、しっかりと覚えておくようにしましょう。

極意 29 売上げ項目の適用関係の定型文を覚えよう

> 売上げ項目については、売上げ項目の種類と課税標準、課税期間における課税売上高、課税売上割合の計算上の取扱いを定型文に沿って根拠とともに論述するようにしましょう。

 ## 売上げ項目に関する適用関係を問う問題の解答法

具体的な事例に基づいて、売上げ項目に関する適用関係を説明させる問題では、まず最初に、その売上げ項目が下記のいずれに該当するのかを判断し、根拠とともに論述します。

① 不課税売上げ(課税対象外)	② 非課税売上げ	③ 免税売上げ
④ 課税売上げ	⑤ 非課税資産の輸出	⑥ 資産の国外移送

次に、売上げ項目の種類に応じて、下記の項目のうち該当するものについて論述します。なお、不課税売上げとなる場合は、いずれも該当しないため、「消費税の取扱いは生じない」という結論を書きます。

① 課税標準の計算に含まれる旨
② 課税期間における課税売上高の計算に含まれる旨
③ 課税売上割合の分母（＝資産の譲渡等の対価の額の合計額）に含まれる旨
④ 課税売上割合の分子（＝課税資産の譲渡等の対価の額の合計額）に含まれる旨

一覧表にしてまとめると、次のとおりです。

売上げ項目の種類	課税標準の計算に含まれる旨	課税期間における課税売上高の計算に含まれる旨	課税売上割合の分母に含まれる旨	課税売上割合の分子に含まれる旨
不課税売上げ	×	×	×	×
非課税売上げ	×	×	○	×
免税売上げ	×	○	○	○
課税売上げ	○	○	○	○
非課税資産の輸出	×	×	○	○
資産の国外移送	×	×	○	○

 ## 定型文の書き方フローチャート

　売上げ項目の適用関係の定型文の書き方について、フローチャートにまとめました。

　フローチャートに従って進み、点線で囲った文章をつなぎ合わせて文体を整えれば定型文となります。

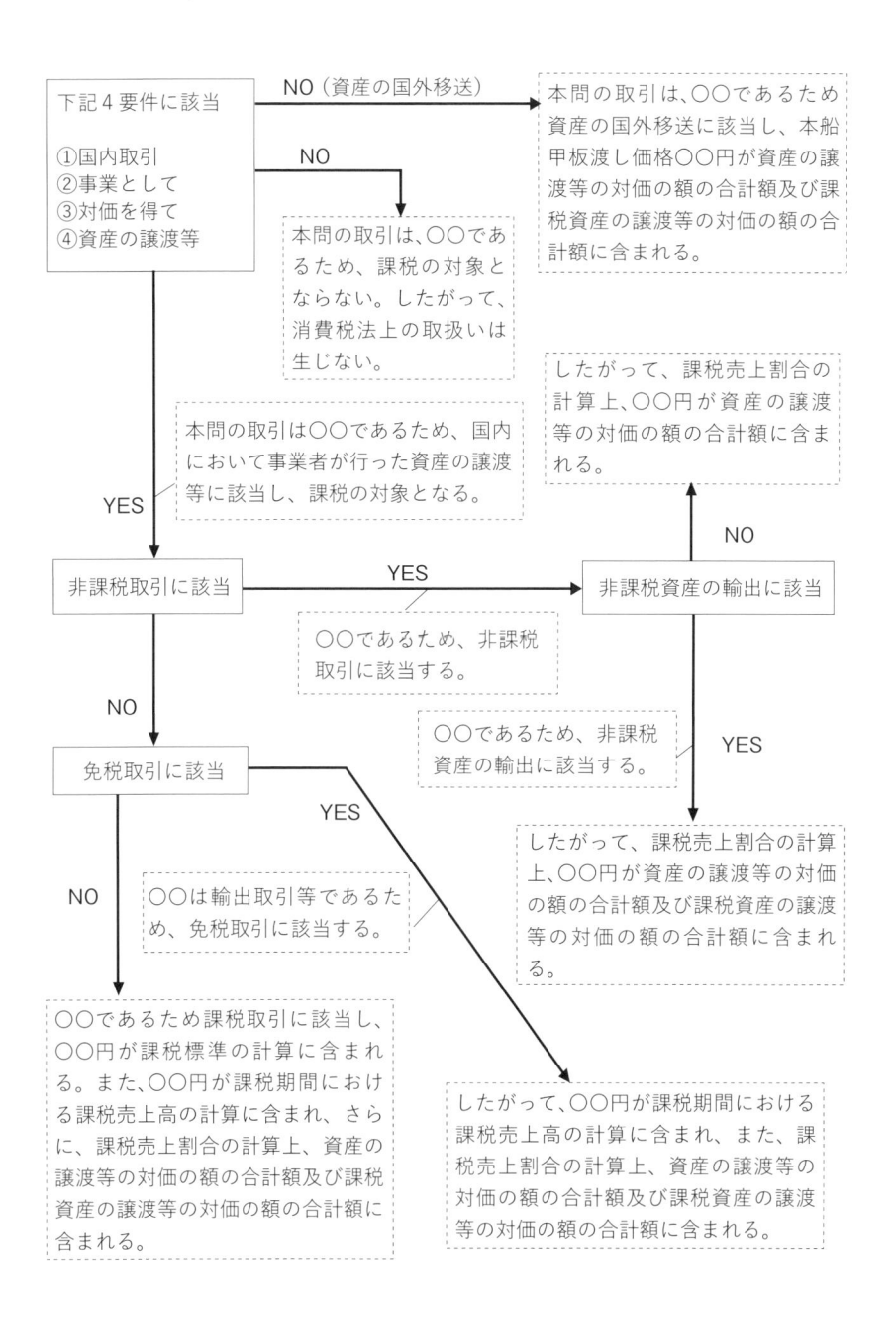

極意 30 仕入れ項目の適用関係の 定型文を覚えよう

仕入れ項目については、課税仕入れに該当するかどうかと個別対応方式又は一括比例配分方式の計算上の取扱いを定型文に沿って根拠とともに論述するようにしましょう。

 **仕入れ項目に関する適用関係を問う問題の解答法**

具体的な事例に基づいて、仕入れ項目に関する適用関係を説明させる問題では、まず最初に、その仕入れ項目が下記のいずれに該当するのかを判断し、根拠とともに論述します。

① 国内における課税仕入れ

② 上記以外（免税仕入れ、非課税仕入れ、不課税仕入れ）

国内における課税仕入れに該当する場合、仕入税額控除の制限を受けるかどうかを判断します。下記のようなケースでは、国内における課税仕入れに該当する場合であっても、仕入税額控除が制限されるため、その旨を論述します。

① 適格請求書発行事業者以外の者から課税仕入れを行った場合

② 居住用賃貸建物に係る課税仕入れを行った場合

③ 金又は白金の地金に係る課税仕入れについて相手方の本人確認書類を保存しない場合

④　密輸品と知りながら課税仕入れを行った場合

⑤　免税購入された物品と知りながら課税仕入れを行った場合

なお、適格請求書発行事業者以外の者から行った課税仕入れのうち 80％控除（又は 50％控除）の経過措置の適用対象となるものは仕入税額控除の対象となるため、下記のとおり論述するようにしましょう。

○○は適格請求書発行事業者以外の者からの課税仕入れであるが、課税仕入れに係る支払い対価の額に 110 分の 7.8（108 分の 6.24）を乗じて算出した金額に 100 分の 80（100 分の 50）を乗じて算出した金額が課税仕入れに係る消費税額とみなされるため、仕入税額控除の対象となる。

この経過措置を適用できる期間と仕入税額控除が認められる割合は次のとおりです。

令和 5 年 10 月 1 日から令和 8 年 9 月 30 日まで　……　100 分の 80

令和 8 年 10 月 1 日から令和 11 年 9 月 30 日まで ……　100 分の 50

仕入税額控除の対象となる場合は、計算方式が下記の項目のうちいずれに該当するか判断します。

①　全額控除

②　個別対応方式

③　一括比例配分方式

個別対応方式を採用している場合は、区分経理が下記の項目のうちいずれに該当するか判断し、根拠とともに論述します。

① 課税売上対応課税仕入れ

② 非課税売上対応課税仕入れ

③ 共通対応課税仕入れ

 ## 定型文の書き方フローチャート

　仕入れ項目についても、適用関係の定型文の書き方を次頁にフローチャートとしてまとめました。

　フローチャートに従って進み、点線で囲った文章をつなぎ合わせて文体を整えれば定型文となります。

　フローチャートのポイント

　課税仕入れに該当するかどうかは、国内取引の判定を中心に考え、必要に応じて課税仕入れの意義と照らし合わせて論述するようにしましょう。

　また、問題文中に仕入税額控除の計算方法を判断する材料がない場合(「個別対応方式によって計算すること」などの直接的な記載がなく、課税期間における課税売上高や課税売上割合などの記載もない場合）は、個別対応方式が採用される場合と一括比例配分方式が採用される場合のそれぞれの取扱いを両方とも解答するようにしましょう。

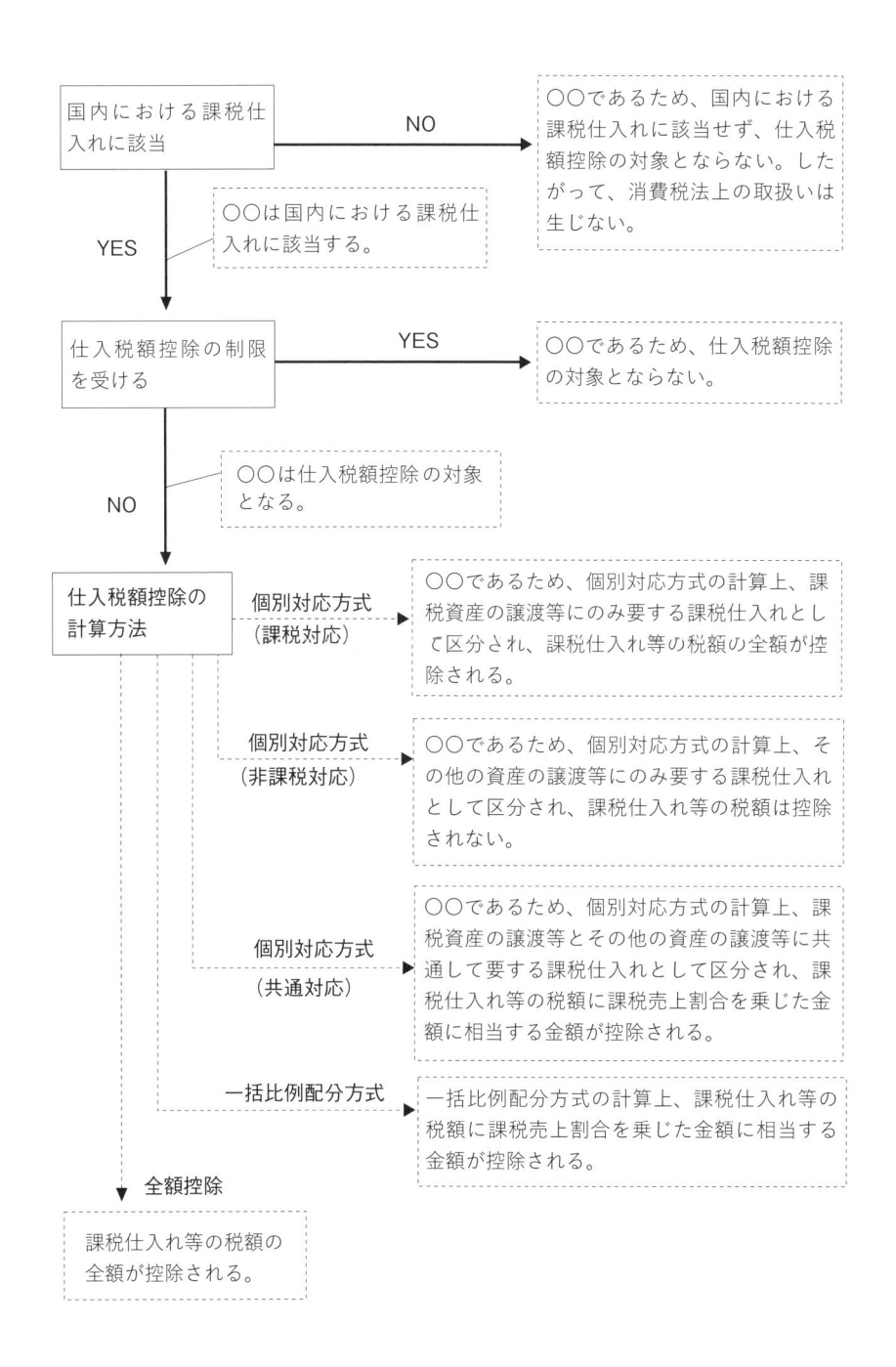

国境を越えた役務の提供の適用関係は、「①リ
バースチャージ方式」、「②消費者向け電気通信利
用役務の提供（③以外）」及び「③プラットフォー
ム課税」の３パターンに分けて、それぞれの定型
文を覚えるようにしましょう。

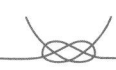
国境を越えた役務の提供の適用関係を問う
問題の解答法

　近年、国境を越えた役務の提供に関する法改正が繰り返し行われ、適用関係は複雑化しています。

　国境を越えた役務の提供に関する適用関係は、仕入れ側が国内事業者、売上げ側が国外事業者である場合について、次の３種類に分類して考えるようにしましょう。

---

①　リバースチャージ方式が適用される場合

②　消費者向け電気通信利用役務の提供を受けた場合（③以外）

③　プラットフォーム課税が適用される場合

　以下、それぞれの場合の適用関係の定型文の書き方について詳しく解説します。

① リバースチャージ方式が適用される場合

国外事業者である仕入れ先から、事業者向け電気通信利用役務の提供又は特定役務の提供を受けた場合は、リバースチャージ方式により国内事業者が納税義務を負います。

この場合、まず国内取引に該当する旨を論述し、仕入れ側と売上げ側のそれぞれの取扱いを論述します。

定型文の書き方は次の表にまとめています。

取引		定型文
国内取引の判定 (仕入れ側・売上げ側共通)	事業者向け電気通信利用役務の提供の場合	○○は事業者向け電気通信利用役務の提供に該当し、役務の提供を受ける者の住所等が国内であるため、国内取引に該当する。
	特定役務の提供の場合	○○は特定役務の提供に該当し、役務の提供が行われた場所が国内であるため、国内取引に該当する。
仕入れ側 (国内事業者)	課税の対象・納税義務	○○は国内における特定仕入れに該当するため課税の対象となり、リバースチャージ方式による納税義務がある。
	課税標準	○○は特定課税仕入れに該当し、○○円が課税標準の計算に含まれる。なお、課税期間における課税売上高及び課税売上割合の計算においては考慮しない。
	仕入税額控除	○○は国内における特定課税仕入れに該当し、仕入税額控除の対象となる。
	個別・一括の計算方法	極意30 参照。
売上げ側 (国外事業者)	課税の対象・納税義務	○○は特定資産の譲渡等に該当するため、課税の対象とならず、消費税を納める義務はない。

なお、次の課税期間に該当する場合は、特定課税仕入れがなかったものとされるので、消費税法上の取扱いは生じないことに注意しましょう。

(1) 課税売上割合が 95% 以上である原則課税の課税期間

(2) 簡易課税制度の適用を受ける課税期間

(3) 2 割特例の適用を受ける課税期間

② 消費者向け電気通信利用役務の提供を受けた場合（③以外）

国外事業者から消費者向け電気通信利用役務の提供を受けた場合におい
て、次に解説する「プラットフォーム課税」の適用を受けないときの仕入れ
側と売上げ側のそれぞれの取扱いは、次のようになります。

取引		定型文
国内取引の判定 （仕入れ側・売上げ側共通）		○○はいわゆる消費者向け電気通信利用役務の提供に該当し、役務の提供を受ける者の住所等が国内であるため、国内取引に該当する。
仕入れ側 （国内事業者）	国外事業者が適格請求書発行事業者である場合	○○は仕入税額控除の対象となる。 （個別・一括の計算方法は極意 30 の仕入れ項目の定型文参照）
	国外事業者が適格請求書発行事業者でない場合	○○は適格請求書発行事業者以外の者からの課税仕入れであり、課税仕入れに係る支払い対価の額に 110 分の 7.8（108 分の 6.24）を乗じて算出した金額に 100 分の 80（100 分の 50）を乗じて算出した金額が課税仕入れに係る消費税額とみなす規定の適用はないため、仕入税額控除の対象とならない。
売上げ側 （国外事業者）		国内において課税資産の譲渡等を行っているため、国外事業者申告納税方式により消費税を納める義務がある（以下、極意 29 の売上げ項目の定型文参照）。

③ プラットフォーム課税が適用される場合

令和 6 年度税制改正により、令和 7 年 4 月 1 日以後に、国外事業者がデジ
タルプラットフォームを介して行う消費者向け電気通信利用役務の提供（ス

マホアプリや電子書籍、音楽の配信など）で、かつ、特定プラットフォーム事業者を介してその役務の提供の対価を収受するものについては、その特定プラットフォーム事業者が当該役務の提供を行ったものとみなして申告・納税を行うものとする「プラットフォーム課税」が導入されることとなりました。

　プラットフォーム課税の適用対象となる消費者向け電気通信利用役務の提供に係る適用関係を考える場合は、仕入れ側と売上げ側に加え、特定プラットフォーム事業者の取扱いについても考える必要があります。

　これら三者の取扱いは、それぞれ次のようになります。

取引	定型文
国内取引の判定 （仕入れ側・特定プラットフォーム事業者・ 売上げ側共通）	○○はいわゆる消費者向け電気通信利用役務の提供に該当し、役務の提供を受ける者の住所等が国内であるため、国内取引に該当する。
仕入れ側 （国内事業者）	上記「②消費者向け電気通信利用役務の提供を受けた場合（③以外）」を参照。
特定プラットフォーム事業者	当社は、○○であるため、特定プラットフォーム事業者に該当する。本問の消費者向け電気通信利用役務の提供は、国外事業者がデジタルプラットフォームを介して行うものであり、かつ、特定プラットフォーム事業者を介してその役務の提供の対価を収受するものであるため、当社が当該消費者向け電気通信利用役務の提供を行ったものとみなされる。したがって、特定プラットフォーム事業者である当社において消費税を納める義務がある（以下、極意29の売上げ項目の定型文参照）。
売上げ側 （国外事業者）	○○（プラットフォーム事業者）は、○○であるため、特定プラットフォーム事業者に該当する。本問の消費者向け電気通信利用役務の提供は、国外事業者がデジタルプラットフォームを介して行うものであり、かつ、特定プラットフォーム事業者を介してその役務の提供の対価を収受するものである。この場合、特定プラットフォーム事業者が当該消費者向け電気通信利用役務の提供を行ったものとみなされるため、当社は消費税の納税義務を負わない。

極意 32 その他の論点の適用関係の書き方を覚えよう

事例問題の問われ方は多種多様であるため、定型文どおりにはいかない場合もあります。そのような場合でも対応できるように、自分で解答文を考える上での骨格となる文章の書き方を覚えましょう。

その他の論点の適用関係を問う問題の解答法

事例問題では、これまでに紹介してきたタイプに当てはまらない論点からも出題されるため、定型文どおりにはいかない場合もあります。

そのような場合、自分で解答文を道筋立てて考える必要がありますが、何の練習もなく本試験の場でいきなり考えるのはなかなかに難しいことです。

そこで、ここでは、自分で解答文を考える上での「骨格」となる文章の書き方を紹介したいと思います。

シンプルな書き方

もっともシンプルなパターンは、下記のように一文でストレートに結論を示す書き方です。

○○は、 ［（○○の規定）］ であるため、 ［（解答要求事項）］ は ［（結論）］ となる。
なお、 ［（必要に応じて補足）］ 。

104

 ## 一文だけでは書ききれない場合

　説明する規定が複雑である場合は、一文だけでは結論まで書くことができません。

　このような場合は、複数の文章に分けて、結論を示すようにしましょう。

○○は、　　　　（○○の規定）　　　　であるため、△△である。
△△は、　　　　（△△の規定）　　　　であるため、　（解答要求事項）　は
　（結論）　となる。
なお、　　　（必要に応じて補足）　　　。

 ## 例外的な取扱いとなる場合

　解答要求事項が例外的な取扱いとなるパターンの場合、まずは原則的な取扱いを示してから、本問は例外ケースに該当する旨を指摘した上で結論を示します。

○○は、　　　（原則規定）　　　であるため、　（原則的取扱い）　である。
ただし、△△の場合は、　　　　（例外規定）　　　　であるため、
　（例外的取扱い）　となる。
本問の取引は、△△であるため、　（解答要求事項）　は　（結論）　となる。
なお、　　　（必要に応じて補足）　　　。

 ## 申請・届出関連の適用関係の書き方

　申請や届出に関する適用関係の問題は、適用要件を示した上で、本問のケースが要件を満たすかどうか判断し、結論を書きます。

○○の適用を受けるためには、次の要件を満たす必要がある。

　　　　　（適用要件）　　　　。

本問の場合、上記要件を満たす（or 満たさない）ため、○○が適用される（or 適用されない）。

なお、　　　（必要に応じて補足）　　。

極意 33 正誤問題の解き方を知ろう

正誤問題の解き方も、基本的にはこれまでに解説
してきた適用関係を問う問題の解き方と同じです。
どこが争点かわかりやすい場合もあるので、問題
文をよく読んでヒントを探し出すようにしましょう。

 ## 正誤問題の特徴

正誤問題は、まず、与えられた文章の内容が正しいか誤っているかを判断
して、解答用紙の「正」か「誤」のいずれかに丸をつけます。次に、そう判
断した理由を文章で論述する必要があります。

「正」か「誤」かの判断を誤ると、その問題は大きく失点してしまうことに
なるため、この判断は慎重に行う必要があります。

なお、「正」か「誤」かの判断を誤ったとしても、論述部分に部分点が振ら
れる可能性もありますが、あまり大きな点数は期待できないので、「正」か
「誤」かの判断はしっかりと合わせたいところです。

 ## 正誤問題の解き方

正誤問題は、その文章の内容の正誤を判断したら、あとの論述部分はこれ
までに解説してきた適用関係を問う問題の解き方と同じです。

「正」と判断した場合は、シンプルにその事例の適用関係をこれまでに解説
してきた解法と同じように論述すればいいだけです。

「誤」と判断した場合も同様に、その事例の本来の適用関係を論述し、その

問題の文章の内容が本来の取扱いとどう違うのかを指摘すればいいです。

　正誤問題は、問題によっては、文中のどの部分の取扱いを争点としているのかがわかりやすく、解答への道筋を立てやすいこともあるので、問題文をよく読んでヒントを探し出すようにしましょう。

　また、その事例の取扱いがまったく分からなかったとしても、一か八かで「正」か「誤」かを決めて、「正」と決めたならその文章の取扱いを肯定する解答をし、「誤」と決めたならその文章の取扱いと反対のことを解答すればいいので、白紙のままにせず、何かしら解答するようにしましょう。

結論に至るまでの論理のつながりがあるものが
「理解」、論理のつながりが断絶しているものが
「暗記」です。できれば理解重視で学習する方が良
いですが、それぞれのメリットとデメリットを把
握した上で、自分に合った学習スタイルを確立し
ましょう。

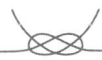「理解」と「暗記」の違いとは

　理論の勉強をする際は、ただ暗記するのではなく、理解を伴った理論暗記
を心がけることが重要です。

　「理解」と「暗記」の違いについては、さまざまな考え方がありますが、僕
はこれらの違いについて、次のように整理しています。

理解 → ある問いについて、結論に至るまでの論理のつながりを説明できる
　　　ようになること

暗記 → ある問いについて、結論のみは説明できるが、結論に至るまでの論
　　　理のつながりは断絶しているもの

　例えば、「Ａの場合の取扱いを説明しなさい」という問いについて、「Ａの
場合はＢとなり、その場合はＣとなるため、Ｄという取扱いになる」といっ
た形で、結論に至るまで論理のつながりを持って説明できるものが「理解」
です。

それに対し、「A の場合は、D という取扱いになる」といった形で、結論のみは説明できるが、結論に至るまでの論理のつながりが断絶しているものは「暗記」です。

「理解」と「暗記」の違いの具体例

例えば、「非課税資産の輸出取引があった場合の消費税法上の取扱い」について、理解を伴った暗記をしている場合とそうでないただの暗記をしている場合との違いを考えてみましょう。

まず、理解を伴っていないただの暗記とは、次の図のように、与えられた問いに対しての結論のみは説明できるものの、その結論に至るまでの論理のつながりは押さえられていない状況をいいます。

【理解を伴っていない暗記】

非課税資産の輸出取引が行われた。

法31条により、非課税資産の輸出取引のうちその証明がされたものは、課税資産の譲渡等に係る輸出取引等に該当するものとみなして仕入れに係る消費税額の控除の規定が適用される（＝非課税資産の輸出売上げに対応する課税仕入れは課税売上対応課税仕入れとして区分され、非課税資産の輸出売上高は課税売上割合の分母及び分子に算入される）。

それに対し、理解を伴った暗記とは、次の図のように、結論に至るまでの論理のつながりを説明することができる状況をいいます。

> 非課税資産の輸出取引が行われた。

↓

> 非課税資産の輸出取引は非課税取引に該当する。

↓

> 通常の非課税取引と同様に取り扱い、非課税資産の輸出売上げを課税売上割合の分母にのみ算入し、また、そのために要する課税仕入れを非課税売上対応課税仕入れとすると、それにより仕入税額控除の対象とならなかった税額が取引価格に転嫁され、実質的に国外の消費者が日本の消費税を負担することになる。

↓

> 消費地課税主義の観点から、国外の消費者が日本の消費税を負担することがないようにするための措置が必要となる。

↓

> 法 31 条により、非課税資産の輸出取引のうちその証明がされたものは、課税資産の譲渡等に係る輸出取引等に該当するものとみなして仕入れに係る消費税額の控除の規定が適用される（＝非課税資産の輸出売上げに対応する課税仕入れは課税売上対応課税仕入れとして区分され、非課税資産の輸出売上高は課税売上割合の分母及び分子に算入される）。

すべての論点について理解を伴った暗記をするのは不可能

　税理士試験の受験対策としては、できるだけ理解を伴った理論暗記を心がけるべきです。

　しかし、すべての論点について理解を伴った暗記をするのは実質的に不可能と言えます。例えば、「なぜ納税義務の有無を区別する基準期間における課税売上高の金額は 1,000 万円なのか？」といったことまで理解をしようと

したら時間がどれだけあっても足りません。

　そのため、重要な論点については理解を伴った暗記を心がけるべきですが、重要性の低い細かい部分については割り切って暗記重視で覚えていく方がいいでしょう。

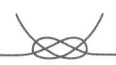 理解重視と暗記重視のメリット・デメリット

　理解重視で学習する場合、理解に基づいた知識は単なる暗記よりも長期間記憶に残りやすく、後で思い出しやすくなります。また、応用的な問題が出題されても柔軟に対応することができます。さらに、結論に至るまでの論理的なつながりが理解できるとモチベーションの向上につながります。一方、理解を深めるためには時間と労力が必要であり、限られた時間の中ですべての内容を理解するのは難しいこともあります。

　暗記重視で学習する場合、早く覚えることができるため、勉強時間に制限がある場合において短期間で成果をあげることができるというメリットがあります。一方、理解に基づかない暗記した情報は短期間で忘れてしまうことが多く、応用的な問題が出題された場合に対処できないことがあります。また、理解する喜びを得られないただの暗記は苦痛に感じることもあり、モチベーションの低下につながるというデメリットもあります。

　理解重視と暗記重視のそれぞれのメリットとデメリットを表にしてまとめると、次のようになります。

学習法	メリット	デメリット
理解重視	・忘れにくくなる ・応用問題にも対応できる ・モチベーションの向上	・理解するのに時間がかかる
暗記重視	・早く覚えられる	・忘れやすい ・応用問題に対応できない ・モチベーションの低下

 ## 今の自分の状況に合った勉強法を確立しよう

　先述のとおり、受験対策としてはできれば理解重視の理論暗記を心がけて
ほしいですが、仕事をしながら受験勉強をしている場合や複数科目を同時に
学習している場合など、本試験までの間に確保できる勉強時間に制限がある
場合は、短期間で成果を上げることができる暗記重視の学習法を採用するの
もアリです。

　理解重視と暗記重視のそれぞれのメリットとデメリットを比較した上で、
今の自分の置かれている状況に合った学習スタイルを確立するようにしま
しょう。

消費税の用語には、実務の世界などで一般的に広く使われているのに、実は消費税法上の正確な用語ではないものがあります。答案作成の際は、これらの表現に注意するようにしましょう。

 **消費税法上の正確な用語でない表現**

　消費税の用語には、実務の世界などで一般的に広く使われているのに、実は消費税法上の正確な用語ではないというものがいくつかあります。

　ここでは、そのような表現のうち、税理士試験の理論問題の答案作成上注意した方がいいものについていくつかまとめます。

避けた方が良い表現	正確な表現
課税売上	課税売上げ
課税仕入	課税仕入れ
不課税取引	課税対象外
消費者向け電気通信利用役務の提供	電気通信利用役務の提供（事業者向け電気通信利用役務の提供に該当するものを除く。）
事業者免税点制度	小規模事業者に係る納税義務の免除の規定
仕入税額控除を取る	仕入税額控除の対象となる
○○期間の課税売上高	○○期間における課税売上高
内外判定	国内取引の判定

114

① 課税売上・課税仕入

消費税法上、「課税売上」や「課税仕入」という表現は誤りです。「課税売上げ」「課税仕入れ」と、必ず送り仮名まで書くようにしましょう。

送り仮名のない「売上」や「仕入」は簿記の用語であり、棚卸資産を販売した場合や購入した場合に用いられます。

一方、消費税の用語である「売上げ」や「仕入れ」は、棚卸資産のみならず、不動産や有価証券の売却や経費の支払いなど、あらゆる収入や支出を指す表現であり、送り仮名の「げ」や「れ」をつけることにより簿記の用語である「売上」「仕入」と区別をしています。

したがって、消費税法の答案作成をする際は、送り仮名の「げ」や「れ」までしっかり書くようにしましょう。

なお、送り仮名の「げ」や「れ」について書くかどうかの明文化されたルールはありませんが、条文を見る限り次のような規則性が推測されるため、覚える際の参考にしてください。

規則性の内容	具体例
売上げ・仕入れの次に平仮名が来ると「げ」と「れ」は残る	売上げに係る対価の返還等、仕入れに係る消費税額の控除
売上げ・仕入れの次に漢字が来ると「げ」と「れ」は消える	課税売上割合、基準期間における課税売上高、仕入税額控除
売上げ・仕入れの次に「等」が来る場合は例外として「げ」と「れ」は消えない	課税仕入れ等、仕入れ等の課税期間

② 不課税取引

課税の対象の4要件を満たさない取引は一般的に「不課税取引」と呼ばれていますが、実はこの用語は消費税法上の正確な用語ではなく実務用語なのです。

そのため、正確な表現をするのであれば「課税対象外」と書く方がいいでしょう。

また、「いわゆる不課税取引」といった形で「いわゆる」をつけることに

よって消費税法上の正確な用語ではないことをアピールしつつ、一般的によく使われている用語だからそのまま使うというのもアリです。

ただし、「不課税取引」という表現は、国税庁もタックスアンサーの文章内で使用しており、実務界に一般的に広く浸透している用語なので、もし使ったとしても、それで大きな減点につながる可能性は低いと考えられるので、そこまでナーバスになる必要はありません。

③　消費者向け電気通信利用役務の提供

「消費者向け電気通信利用役務の提供」という用語も、消費税法上の正しい用語ではありません。

消費税法では、「電気通信利用役務の提供」と「事業者向け電気通信利用役務の提供」のみが定義されているため、消費者向け電気通信利用役務の提供を表現するためには、「電気通信利用役務の提供（事業者向け電気通信利用役務の提供を除く。）」と書く必要があります。

ただし、先述の「不課税取引」という表現と同様に、「消費者向け電気通信利用役務の提供」という用語についても、国税庁のパンフレット等でも使用されており実務界で広く浸透している用語であるため、「電気通信利用役務の提供（事業者向け電気通信利用役務の提供を除く。）」といちいち書いている時間がない場合は「いわゆる消費者向け電気通信利用役務の提供」といった書き方をしてもかまいません。

④　事業者免税点制度

実務の世界では、基準期間における課税売上高 1,000 万円のことを「免税点」と呼び、免税点以下の事業者の納税義務が免除される制度のことを「事業者免税点制度」と呼ぶ風習があります。

この呼び方も広く使われているものではありますが、税理士試験の答案に書くのは避けた方がいいです。

「事業者免税点制度」は、要するに消費税法第 9 条《小規模事業者に係る納

税義務の免除》の規定のことなので、実務用語ではなく条文の用語として「小規模事業者に係る納税義務の免除」と記載する方がいいです。

⑤　仕入税額控除を取る

　実務の世界では、会社の経費等が課税仕入れになるか検討し、仕入税額控除の対象となる場合に「仕入税額控除を取る」と表現する場合がありますが、この表現を答案用紙に書くのは避けた方がいいです。

　理論問題で課税仕入れの適用関係について問われた場合などは、「仕入税額控除の対象となる」という表現を用いるようにしましょう。

⑥　○○期間の課税売上高

　実務書などで、「○○期間の課税売上高」という表現をしているのを見かけることがありますが、消費税法上の正しい書き方は「○○期間における課税売上高」です。

避けた方が良い表現	正確な表現
基準期間の課税売上高	基準期間における課税売上高
特定期間の課税売上高	特定期間における課税売上高
課税期間の課税売上高	課税期間における課税売上高
基準期間に対応する期間の課税売上高	基準期間に対応する期間における課税売上高
基準期間に相当する期間の課税売上高	基準期間に相当する期間における課税売上高

⑦　内外判定

　実務書などでは、課税対象の4要件の1つである「国内において行われるものであること」の要件を満たすかどうかの判定について「内外判定」と表現していることがありますが、これは消費税法上の正確な用語ではありません。

　回答用紙に記入する際は、「国内取引の判定」と書くようにしましょう。

理論暗記は計算問題の演習と違い、様々な工夫を凝らした学習が可能です。机に向かう勉強以外にも、色々な方法を試してみましょう！

理論暗記は様々な工夫を凝らした学習が可能

　計算問題の演習は机に向かって電卓を叩きながらやるよりほかありませんが、理論暗記については方法や場所にあまり縛りは無いため、様々な工夫を凝らことができます。

　ここでは、僕が税理士受験生だった時に実際にやっていた理論暗記方法についてご紹介します。

呪いの部屋暗記法

　理論暗記をするためのオススメの方法のひとつが「呪いの部屋暗記法」です。

　この方法では、部屋中の至る所に暗記事項を大きな紙に大きな字で書いて貼りまくります。この暗記法の名前の由来は、友人が僕の部屋に遊びに来たときに、部屋中に貼り付けてあった紙を見て「まるで呪いの部屋だな」と言われたことです。

　理論暗記において最も重要なことは、何度も反復して頭に叩き込むことです。

　テキストやノートに書いてある暗記事項は、テキストやノートを手に取っ

てそれが書いてあるページを開かない限り情報が目に入ることはありません。

　しかし、部屋の壁中の至る所に貼っておけば、日常生活の中で嫌でも暗記事項を目にすることになるため、強制的に何度も何度も繰り返し見て頭に叩き込むことができるようになります。

　まるで部屋が呪われているような禍々しい雰囲気になりますが、非常に精度の高い暗記が可能となるため、抵抗がない方は是非実践してみてください。

 ## エクササイズ暗記法

　受験勉強をしていると、なかなか運動をする時間が取れず、運動不足になってしまう方が多いと思います。

　そこで、勉強と運動を同時にこなせる一石二鳥の方法としてオススメしたいのが「エクササイズ暗記法」です。

　この方法では、散歩やエアロバイク、ジムにおける筋トレなどのエクササイズと理論暗記を組み合わせる方法です。

　有酸素運動をすると脳が活性化して記憶力、情報処理能力などが高くなるため、運動不足を解消しつつ効率的に理論暗記を進めることができます。

 ## お風呂で暗記法

　続いて紹介する方法は「お風呂で暗記法」です。

　この方法では、理論など何か暗記したいことが書いてあるページをコピーしてお風呂に持って入り、壁を少し濡らして貼り付け、それを見ながらお風呂に入ります。

　お風呂に入ると血行が良くなり脳の活性化につながります。また、体がリラックスし緊張がほぐれた状態だと集中力が高まり理解力や記憶力の向上に

もつながります。さらに、普段の勉強場所とは異なるお風呂で勉強することにより気分転換を図ることができ、入浴時間を利用することで時間の有効活用が可能となります。

 ## 音声入力暗記法

次に紹介するのは「音声入力暗記法」です。

覚えた理論がしっかり暗記できているか確認するために、実際に紙に書き出している方も多いかと思いますが、手で書いていると非常に時間がかかります。

そこで、パソコンやスマートフォンに搭載されている音声入力を使えば、喋った内容がそのまま文字起こしされるため、暗記できているか確認するための時間を大幅に削減することができます。

iPhone の場合は「Siri」、Android スマホの場合は「Google 音声入力」、Windows のパソコンの場合は「windows マーク」+「H」のショートカットキーを押すことにより音声入力ツールを起動することができるので、メモ帳アプリなどを開き、マイクに向かってそのまま喋れば文字起こしをしてくれます。

多少の漏れや変換ミスはありますが、近年の音声入力ツールの精度は非常に高く、どれを使ってもかなり高い精度で文字起こししてくれるので、理論暗記の理解度チェックのためにとても役立ってくれます。

なお、本試験では実際に手で書いて解答しなければならないため、たまには実際に紙に書き出す練習も怠らないようにしましょう。

 ## 録音暗記法

最後に紹介するのは「録音暗記法」です。

この方法ではスマートフォンのボイスレコーダー機能などを使い、暗記す

る理論を音読して録音し、それを繰り返し聴きながら覚えます。

　スマホにイヤホンを挿し、通勤中などの空いている時間に録音した理論を聞くことで、スキマ時間を有効活用することができます。

　耳から入ってくる情報は目で見た情報とは違った記憶の定着の仕方をするため、目で覚える方法と耳で覚える方法を組み合わせることにより、理論暗記の精度をより強固にするために役立ちます。

　自分の喋っている声を聞くのは少しこっ恥ずかしいですが、慣れてしまえば問題ありません。

理論暗記は細かい言葉尻まで一言一句暗記する必要はありません。重要な用語や言い回しはしっかり押さえ、あとは自分の言葉でしっかりとした文章で書けるようにしましょう。

一言一句覚える必要はない

　理論暗記の際に一言一句覚えるべきかは人によって意見が分かれるところですが、個人的には、細かい言葉尻まで含めて一言一句覚える必要はないと思います。

　そう考える理由は、タイムパフォーマンスを重視すべきだと思うからです。

　資格学校の理論暗記教材は、消費税法とその関連法令の条文から重要な部分を抜粋し、表現をわかりやすくして収録しているものです。受験指導のプロである講師が考え抜いて作成した完成された文章なので、それを丸暗記してそのまま書けるのであれば、それに越したことはありません。

　しかし、細かい言葉尻まで含めて一言一句覚えるためにはかなりの時間を要します。

　そのため、僕が受験生だったときは、一言一句完璧に覚えるのではなく、重要な用語や言い回しについてはしっかり押さえ、あとは自分の言葉で補って文章を書くようにしていました。

　こうすれば、一語一句覚える場合と比べて早く覚えることができ、自分の言葉でしっかりとした文章を書けるように心がけるようになるため、応用的

な事例問題の解答文を作成するための練習にもなります。

覚えづらい理論は他の資格学校の教材で覚えるのもアリ

各資格学校の理論暗記教材の内容を比べてみると、同じ論点でも資格学校によって理論の書き方が異なっています。

資格学校の教材によって理論の書き方が違うということからも、必ずしも理論は一言一句正確に覚えなければならないわけではないということがわかります。

基本的には自分の通っている資格学校の理論暗記教材の内容を覚えるようにし、どうしても覚えづらい論点があったら、他の資格学校の市販の理論暗記教材を買って、そちらの内容を覚えるようにするのもアリです。

理論暗記の際に押さえておく必要がある重要な言い回し

消費税法の理論暗記をする際に押さえておく必要がある重要な言い回しについて、一覧表にしてまとめます。

理論暗記の際に一言一句完璧に覚えるということはしない場合であっても、これらの言い回しについては意識するようにし、自分で文章を書く場合もしっかりと使いこなせるようになっておく必要があります。

言い回し	どのような場合に用いるか
〜とみなす	ある事物（A）と性質が異なる他の事物（B）について法律上同一視し、その他の事物（B）について生じる法律効果をその事物（A）について生じさせる場合に用いる。
〜できる	法律上の権利・能力・権限などがある場合に用いる。
〜できない	法律上の権利・能力・権限などがない場合に用いる。
〜しなければならない	一定の行為をすることを義務付け、それをするかしないかの裁量の余地を与えない場合に用いる。

～ものとする	ある原則や方針を示す場合に用いる。
以上、以下	基準点となる数量や金額などを含む場合に用いる。
超、未満、満たない	基準点となる数量や金額などを含まない場合に用いる。
以前、以後、以降	基準となる時点を含む場合に用いる。
前、後	基準となる時点を含まない場合に用いる。
又は	大きな選択的接続に用いる。
若しくは	小さな選択的接続に用いる。
及び	小さな併合的接続に用いる。
並びに	大きな併合的接続に用いる。
その他	前後の事柄が並列関係にある場合に用いる。
その他の	前の事柄が後ろの事柄の例示である場合に用いる。
場合	前提条件を示す。前提条件が2つある場合には、大きい前提条件を示す。
とき	「場合」が大きい条件を示すのに対し、「とき」は小さい前提条件を示す。
時	時間的表現として用いる。
者	人格を持つ自然人（個人）及び法人を示す場合に用いる。
物	人格者以外の有体物を示す場合に用いる。
もの	「者」にも「物」にも該当しない抽象的な対象を示す。
控除した金額	差引後の金額がマイナスとなることを許容する場合に用いる。
控除した残額	差引後の金額について0円を限度とする場合に用いる。
経過する日	応当日の前日を示す場合に用いる。 　例：X1年4月1日から1年を経過する日＝X2年 　　　3月31日
経過した日	応当日を示す場合に用いる。 　例：X1年4月1日から1年を経過した日＝X2年 　　　4月1日
○年前の日	○年前の応当日の翌日を示す場合に用いる[注]。 　例：X3年4月1日の2年前の日＝X1年4月2日

(注) 法人税法及び地方税法の一部の条文においては、「○年前の日」という表現は「○年前の応当日」を指します。同じ表現でも意味が違うので、法人税法や地方税の科目の学習をされたことがある方は注意してください（個人的に、同じ表現なのに税法によって意味するところが異なっているのは立法上のミスだと思っています）。

第 4 章

計算問題の解法テクニック

　「兵は拙速を尊ぶ」という孫子の兵法に由来する格言があります。
　これは、完璧でなくても素早く行動した者が勝ち、完璧を目指す
あまり行動が遅い者は勝てないという意味で、消費税法の計算問題
を解く際にも通ずる格言です。

　近年の消費税法の本試験では、制限時間内ではとても解き切るこ
とができないボリュームの問題が出題されます。特に計算問題のボ
リュームはとても多く、完璧を目指してゆっくり解いていてはとて
も時間が足りません。

　完璧を目指すのではなく、問題の取捨選択をして解けるものから
順次手を付けていき、素早く効率的に解答できるようになることが
合格への近道となります。

近年の計算問題は2題形式の出題が多く、ボリュームがかなり多いため制限時間内にすべて解ききるのは難しくなっています。時間が足りなくならないように、問題文のボリュームを目安に時間配分をしましょう。

計算問題は2題形式で出題されることが多い

近年の消費税法の計算問題は2題形式で出題されることが多くなりました。総合問題が2題出題されることもあれば、総合問題と個別問題の2題が出題されることもあり、出題パターンは実に多様化しています。

総合問題の特徴

総合問題は、原則課税か簡易課税のいずれかの形式で出題されます（国等の特例が総合問題として出題される可能性もありますが、かなり長いこと出題されておらず、今後も出題可能性は低いと考えられます）。

問題によっては、簡易課税制度の適用の有無の判断を誤るとかなりの痛手となってしまうこともあるため、簡易課税制度の適用要件や適用制限を受ける場合の規定については個別理論の理解も含めてしっかりと対策をしておく必要があります。

総合問題といっても、問題によってはかなりコンパクトなボリュームに抑えられている「プチ総合問題」となっている場合もあります。

難易度やボリュームを見極めて、適切な時間配分を考えることが重要となります。

 個別問題の特徴

　個別問題の特徴としては、総合問題のように当期中の各取引をすべて集計して納付税額を求めさせる問題ではなく、個別論点についての難易度の高い計算問題が出題されます。

　例えば、居住用の建物の用途変更を行った場合の調整税額の計算や特定新規設立法人の納税義務の有無の判定などの個別論点に関する難易度の高い問題が過去に出題されたことがあります。

　個別問題を解けるようにするための対策としては、資格学校の計算トレーニング教材をやり込むのが一番だと思います。

　個別問題では、総合問題を解く中ではなかなか出てこないようなトリッキーで難易度の高い問題が出題されることもあるため、計算問題対策として総合問題ばかりを解くのでなく、資格学校の教材の各個別論点の計算問題のトレーニングも欠かさないようにしましょう。

コラム　国等の特例は捨てていいのか問題

　僕が受験生だったとき、一番嫌いだった論点は「国等の特例」でした。

　この論点はかなり難しく、内容をしっかり理解して計算問題もちゃんと解けるようになるまでにかなりの時間がかかるくせに、本試験での出題可能性はものすごく低いからです。

　受験生の中には、国等の特例の計算問題は一切やらずに、理論だけ覚えて試験に臨むという方も周りにはちらほらといました。

　「国等の特例の対策はどのくらいやるべきか、捨ててもいいのか」については受験生の中でもよく議論になる点です。

　この点について、個人的には「基礎的な論点くらいは押さえておいたほうがいい」と思います。

　具体的には、どの収入が特定収入になるのかといった判断や特定収入割合、調整割合、調整税額の計算方法について、深い論点までやり込む必要はないので、資格学校の教材の基礎レベルの個別問題ぐらいは解けるようにしておく方がいいと思います。

　もし国等の特例が総合計算問題で出題された場合、まったく何も対策をしていないとその年の合格はかなり厳しくなってしまいますが、基礎的な部分だけでも理解しておけば、ある程度部分点を稼ぐことができ、他の論点で高得点を取れれば充分合格ラインに乗ります。

　国等の特例は多くの受験生が苦手としている論点なので、高得点を取れるようになる必要はありません。基礎論点だけでも押さえておきましょう。

計算問題を解く前に、全体のボリュームや出題構成、答案用紙の計算過程欄のボリュームやタイトルをチェックして、全体像を把握するようにしましょう。

 **いきなり解き始めるのではなく全体像を確認しよう**

　計算問題を解くときは、いきなり解き始めるのではなく、まずは全体像を把握するようにしましょう。

　問題用紙や答案用紙をざっと見るだけで良いので、それほど時間をかける必要はありません。

 **全体のボリュームの確認**

　近年の消費税法の計算問題部分のページ数はおよそ 10 ページ程度です。出題内容や難易度にもよりますが、このページ数でもかなりいっぱいいっぱいで、すべて解ききるのは難しい量です。

　10 ページよりもページ数が多い場合は、相当熾烈な時間との戦いとなり、いかに問題の取捨選択を上手にできるかが勝負のカギとなります。

　一方、10 ページよりもページ数が少ない場合は、精度の高い解答が求められることなります。

極意38でも紹介したとおり、近年の計算問題は2題形式で出題されることが多いです。

2題形式で出題された場合は、それぞれの問題文のボリューム（ページ数）を目安に時間を配分するようにしましょう。

極意17で理論問題は50分、計算問題は70分という目安で時間配分をするのがいいと紹介しました。この時間配分の目安どおりに解き進められたとして、計算問題に70分の時間を充てられるとします。この場合において、問1のページ数が6枚、問2のページ数が4枚だったとしたら、ページ数の比率をもとに、問1には42分（＝70分×6/10）、問2には28分（＝70分×4/10）という時間配分を目安に解き進めるようにしましょう。

ただし、これはあくまでもひとつの目安です。問題文のボリュームが少なくても解くのに時間がかかる難易度の高い問題が出題されることもあるので、臨機応変に対応できるようにしましょう。

 **答案用紙の各計算過程欄のボリュームの確認**

答案用紙には解答内容に関するヒントとなる情報が多く含まれています。

答案用紙の各計算過程欄のボリュームからも問題の内容をある程度推察することができます。

例えば、納税義務の判定に係る解答欄が広く設けられている場合は、納税義務の免除の特例の適用や過去の課税期間に係る納税義務の判定が必要になることが推察できます。

また、調整対象固定資産に係る調整の計算過程欄が広く設けられている場合は、著しい変動の調整計算が必要になる可能性があることがわかります。一方、計算過程欄が狭い場合は、転用の調整のみで、著しい変動の調整計算はなさそうだなと判断することもできます。

さらに、中間納付額の計算過程欄が広く設けられている場合は、修正申告や更正の請求を行っている可能性があると判断できます。

　その他にも、計算過程欄が異様に広く取られている場合は、適用される税率が複数ある可能性や集計するボリュームが異様に多くなる可能性があることが読み取れます。

　ただし、書き損じを考慮して解答欄を広く設けている可能性もあることも念頭に置いておきましょう。

 答案用紙の計算過程欄のタイトルの確認

　答案用紙に記載された計算過程欄のタイトルから、課税方式（原則か簡易か国等か）や特殊論点の出題の有無を確認することもできます。

　消費税法の試験の答案用紙は申告書のフォームになぞらえて作成されているため、「控除過大調整税額」のタイトルの計算過程欄がある場合は原則課税、「貸倒回収に係る消費税額」のタイトルの計算過程欄がある場合は簡易課税制度であるとわかります。

　また、「特定収入割合」や「調整割合」のタイトルの計算過程欄がある場合は、国等の特例の問題だとわかります。

> 計算問題を解くときはまず最初に、冒頭文を読んで問題の設定を確認する必要があります。法人か個人事業者か、業種は何か、課税期間はいつからいつまでか、解答要求事項は何かを把握してから問題に取り掛かりましょう。

 冒頭文から問題の設定を読み取ろう

総合計算問題の問題文の冒頭では、問題を解く上での設定が記載されています。

冒頭文の記載例は次のようになります。

株式会社甲（以下「甲社」という。）は、○○業を営む法人である。甲社における令和○年○月○日から令和○年○月○日までの課税期間（以下「当課税期間」という。）における取引等の状況は、次の【資料】のとおりである。

これに基づき、甲社の当課税期間における確定申告により納付すべき消費税額（以下「納付税額」という。）又は還付を受けるべき消費税額（以下「還付税額」という。）について、その計算過程（内容を明示し、判断を要する部分については、その理由を含む。）を示して計算しなさい。

いきなり問題を解きはじめるのではなく、これから解く問題の設定が法人なのか個人事業者なのか、どのような業種を営んでいるか、課税期間はいつからいつまでか及び解答要求事項は何かを確認するようにしましょう。

 ## 法人か個人事業者かの確認

　最初に、法人か個人事業者かの確認をします。

　問題中の名称は、たいていの場合、法人であれば「甲社」、個人事業者であれば「甲」となります。ただし、2題形式の場合は、問2では「乙社」や「丙社」などになることもあります。

 ## 業種の確認

　次に、業種を確認します。

　複数の事業を営んでいる場合は、区分経理を行う際に注意が必要となります。

　簡易課税制度が適用される問題の場合は、営んでいる業種が非常に重要となるため、しっかりとチェックするようにしましょう。

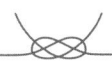 ## 当課税期間の確認

　課税期間は、法人の場合は試験実施年の4月1日から翌年3月31日まで、個人事業者の場合は1月1日から12月31日までとなっていることが多いです。

　ただし、法人の場合は、半年決算法人である場合や事業年度の変更をした場合などにはイレギュラーな課税期間となることもあるので注意が必要です。

　課税期間が1年でない場合は、課税期間における課税売上高の年換算や、課税売上割合の著しい変動があった場合や居住用賃貸建物を課税賃貸用に供した場合等の「第三年度の課税期間」がいつになるかなどに注意するようにしましょう。

 ## 過去の課税期間の確認

　過去の課税期間についても、当課税期間と一緒に確認するようにしましょう。

　設立や事業年度変更などにより１年でない課税期間が過去にある場合は注意が必要です。

　基準期間や特定期間がいつからいつまでであるかの判断に影響が出るほか、上記と同様に「第三年度の課税期間」がいつになるかなどに注意が必要です。前課税期間が１年でない場合は、前期納税実績による中間納付額の算定にも影響が出ます。

　なお、過去の課税期間に関する情報は、冒頭に書いてあることもありますが、納税義務判定に関する資料に書いてあることもあるので気をつけましょう。

 ## 解答要求事項の確認

　総合問題の場合、原則的には、計算過程も含めて納付税額まで求めさせる問題が出題されます。ただし、控除対象仕入税額のみ求めさせる問題など、計算過程における一部の項目の金額のみが求められることもたまにあるので、問題を解き始める前に解答要求事項をしっかり確認しておくようにしましょう。

　また、上記の記載例のように、「納付税額又は還付税額を求めよ」という書き方をすることによって、最終値が納付になるのか還付になるのか分からないようにしている場合もあります。その場合は、回答欄の納付税額又は還付税額のうちいずれかの部分に記載することになります。

「計算に当たっての前提事項」には、必ず確認しな
ければならない重要事項もあれば、毎度お決まり
の事項が書いてあるだけのこともあります。重要
な部分とそうでない部分を区別して、メリハリを
つけて読み進めるようにしましょう。

 計算に当たっての前提事項

　総合計算問題の冒頭部分には、「計算に当たっての前提事項」が記載されて
いますが、結構なボリュームがあるため、すべてを丁寧に読んでいると大幅
なタイムロスとなってしまいます。

　そこで、ここでは「計算に当たっての前提事項」について、重要な部分と
そうでない部分とを区別して、メリハリをつけて必要事項を読み取る方法を
解説します。

 必ず確認しなければならない事項

　「計算に当たっての前提事項」には、問題を解く上で必ず確認しなければな
らない事項があります。具体的には次のとおりです。

①　売上税額の計算方法は積上げ計算か割戻し計算か

②　仕入税額の計算方法は積上げ計算か割戻し計算か

③　課税事業者選択届出書や簡易課税制度選択届出書を提出したことがあるか

④　その他問題を解く上での重要事項

　問題を解くにあたっては、売上税額及び仕入税額について、それぞれ「積上げ計算」か「割戻し計算」のいずれの方法で計算するのかを確認しないと集計ができません。これらの指示は「計算に当たっての前提事項」に記載されていることが多いので、必ず確認するようにしましょう。

　また、課税事業者選択届出書は簡易課税制度選択届出書を提出したことがあるかどうかも「計算に当たっての前提事項」に記載されていることが多いです。課税方式を判断する上で必要な資料なので、必ず確認するようにしましょう。

　さらに、上記のほか、問題を解く上での重要事項が「計算に当たっての前提事項」に記載されていることがあります。例えば、中間納付額の計算に用いる前課税期間の確定消費税額や過去の課税期間の納税義務の有無、納税義務判定の計算で必要な資本関係、当期中に取得した建物が居住用賃貸建物に該当するかどうかなどが「計算に当たっての前提事項」に記載されていることもあるので、見落とさないように注意しましょう。

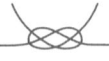 ## 把握しておくと少し役に立つ事項

　「計算に当たっての前提事項」には、把握しておくと少し役に立つ事項が記載されていることもあります。例えば、次のような事項は、問題を解き進める上で少し役に立ちます。

① 特に指示のある場合を除き、他の者から受けた軽減税率対象取引はない
② 特に指示のある場合を除き、旧税率が適用される取引はない
③ 経過措置や特例的な計算方法（資産の譲渡等の時期の特例など）の適用はない

ただし、これらの事項は問題文を読めばわかることでもあるので、見落としてしまったとしても大きな問題はありません。

 イレギュラーなことがないかの確認だけすべき事項

　「計算に当たっての前提事項」には、毎年同じような内容が記載されている「お決まり」の事項が多くあります。具体的には、次のような事項です。

---

① 　会計上、税込経理方式を採用している

② 　特に指示のある場合を除き、取引等は国内取引に該当するものとする

③ 　特に指示のある場合を除き、課税仕入れの相手方は適格請求書発行事業者とする

④ 　計算方法が複数ある場合、当期の納付税額の計算上最も有利な方法を選択すること

⑤ 　仮決算による中間申告は行っていない

⑥ 　適格請求書や輸出免税の証明書類は適切に保存している

⑦ 　課税売上割合が95％未満又は課税期間における課税売上高が5億円を超える課税期間は個別対応方式により仕入税額を計算している

⑧ 　個別対応方式による課税仕入れ等の区分は正しく行われている

⑨ 　課税仕入れ等の区分は、資産の譲渡等との対応関係が明確なものは「課のみ」又「非のみ」とし、それ以外は「共通」とすること

⑩ 　課税売上割合に準ずる割合の承認は受けていない

⑪ 　課税期間の特例は受けていない

⑫ 　用語の意義など

　（例）「飲食料品」とは、食品表示法（平成25年法律第70号）第2条第1項に規定する食品（酒類を除く。）をいうものとする。

　これらの事項は、資格学校の答練でも毎回同じ条件で出題されているため、受験生にとってはお馴染みのものです。

ザーッと読んで、普段と違うイレギュラーなことが書かれていないかだけ確認できたら、早々に問題に取り掛かるようにしましょう。

　万が一、イレギュラーな記載（例えば、仮決算により中間申告をしているなど）があった場合は、その回は変則的な問題である可能性が高いため注意するようにしましょう。

極意 42 計算問題を解く際の効率的な順序を覚えよう

計算問題を解くときは、納税義務の判定や中間納付額の計算などあまり時間がかからずに解答できるものから解くようにし、時間のかかる項目の計算や残りの集計・納付税額の計算は後回しにしましょう。また、見直しに充てられる時間はないものと思い、その都度完璧な答案作成を心がけるようにしましょう。

 **計算問題を解く際のオススメの順序**

計算問題を解く際のオススメの順序を図示すると、次のようになります。

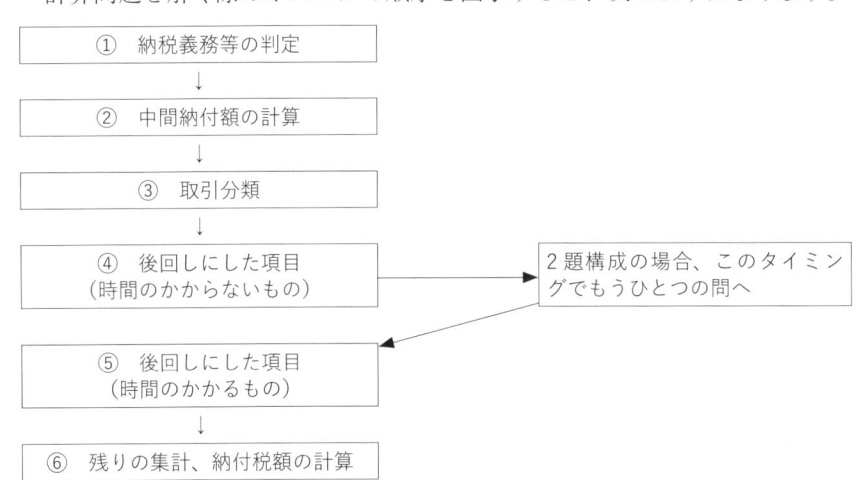

以下、各項目について詳しく説明します。

① 納税義務等の判定

納税義務や簡易課税制度の適用の有無の判定は、比較的得点しやすい論点であり、その問題の計算方式を確定させる非常に重要な項目であるため、一番はじめに手をつけるようにしましょう。

② 中間納付額の計算

中間納付額は、合併があった場合などの特殊ケースに該当しなければ、すぐに解答を出すことができる項目であり、確実に得点したいところになります。

もし中間納付額の計算を後回しにして、時間が足りず解けなかったということになるとかなり痛手なので、中間納付額は早い段階で手をつけるようにしましょう。

③ 取引分類

計算問題を解く上で圧倒的に時間がかかるのが、売上げ項目の課否判定や課税仕入れ等の区分などの「取引分類」です。

取引分類を行う際の問題文の読み方や解く順序は、極意45で詳しく解説しています。

④⑤ 後回しにした項目

問題を解いている際に難しい問題に遭遇したら、いったんそれは後回しにしてもかまいません。

後回しにする問題には、「時間がかからないもの」と「時間がかかるもの」の2種類があります。

例えば、課税仕入れの区分などの判断に迷って後回しにした場合は、それは「時間がかからないもの」に該当します。一方、著しい変動の調整計算を後回しにした場合、それは「時間がかかるもの」に該当します。

後回しにした項目を再び解く際は、「時間がかからないもの」から順に解くようにしましょう。

なお、計算問題が2題形式で出題された場合は、後回しにした問題（時間がかからないもの）を解き終わったタイミングでいったん解答をストップして、もうひとつの問題に移るのがオススメです。

⑥　残りの集計、納付税額の計算

　最後の段階で、答案用紙上でまだ集計してない項目（課税仕入れ等の区分ごとの合計額など）や差引税額・納付税額を求めます。……といっても、おそらくこれらの項目の計算をしている時間はほとんど残っていないだろうと考えられます。

　しかし、これらの項目は、配点が振られる可能性が低いか、どの受験生も絶対に正答できないものなので、途中で時間切れになってしまい書けなかったとしても問題ありません。

コラム　本試験では見直しをする時間などない

　「試験終了間近の時間は見直しに充てると良い」と言われることがありますが、個人的にそんな時間なんてないと思います。

　近年の消費税法の問題は、解くスピードがかなり速い成績上位の受験生であっても、すべての問題を解き切る事は不可能なほどのボリュームが出題されています。

　そのため、試験問題を解く際は「見直しをする時間などない」と思うようにし、各資料との出会いは「一期一会」であり一度解き終わったらもう二度と見直しをする時間はないという覚悟を持って、その都度完璧な答案作成を心がけるようにしましょう。

　見直しをする習慣をつけると「後で見直せばいいや」という甘えが生じるおそれがあり、初めから問題を正確に解こうという意識が薄れ、ケアレスミスの増加や解答の質の低下につながる可能性があるので、見直しに依存することなく最初からひとつひとつの問題に全力を注ぐことが大切です。

極意 43 原則課税の計算問題の効率的な集計方法を身に着けよう

本試験では、すべての項目について仮計表を使って集計していると時間が足りないので、基本答案用紙に直接転記しつつ、一部の項目のみ仮計表で集計するのがオススメです。

 ## すべて仮計表に集計していては時間が足りない

　近年の消費税法の試験は出題ボリュームがとても多くなっており、すべての項目について仮計表を作って集計していては時間が足りなってしまいます。

　しかし、すべての項目について答案用紙に直接記入するようにすると、集計項目が多岐にわたる場合、解答スペース（特に課税仕入れの集計項目）がぐちゃぐちゃになってしまうおそれがあります。

　そこで、オススメの方法として、基本的に答案用紙に直接記入するようにし、集計数が少ない一部の項目についてのみ仮計表を用いて集計する方法をご紹介します。

 ## 答案用紙のどこに何の項目を書くか覚えよう

　答案用紙に直接転記するためには、解答スペースにすべてのタイトル付け等を行っていない状態でも、どのあたりに何の項目を書くのかをしっかり頭に入れておく必要があります。

　ここでは、原則課税方式で仕入税額の按分計算が必要となる場合に、計算過程欄のどこに何の項目を直接転記すればいいか解説します。

 ## 課税標準額の計算過程欄の集計項目

課税標準額の計算過程欄では、「7.8％課税売上げ」「6.24％課税売上げ」及び「特定課税仕入れ」について集計します（積上げ計算による場合はこれらに係る税額を集計します）。

計算過程欄では、「7.8％課税売上げ」についてのみ直接転記し、「6.24％課税売上げ」及び「特定課税仕入れ」については、直接転記すると解答スペースがぐちゃぐちゃになるおそれがあるので、これらの項目については白紙の計算用紙を使った一部仮計表にいったん転記します。

「7.8％課税売上げ」の転記をする際は、「6.24％課税売上げ」や「特定課税仕入れ」が登場した場合にタイトル付けができるように、少しスペースを空けて集計するようにしましょう。

【課税標準額】

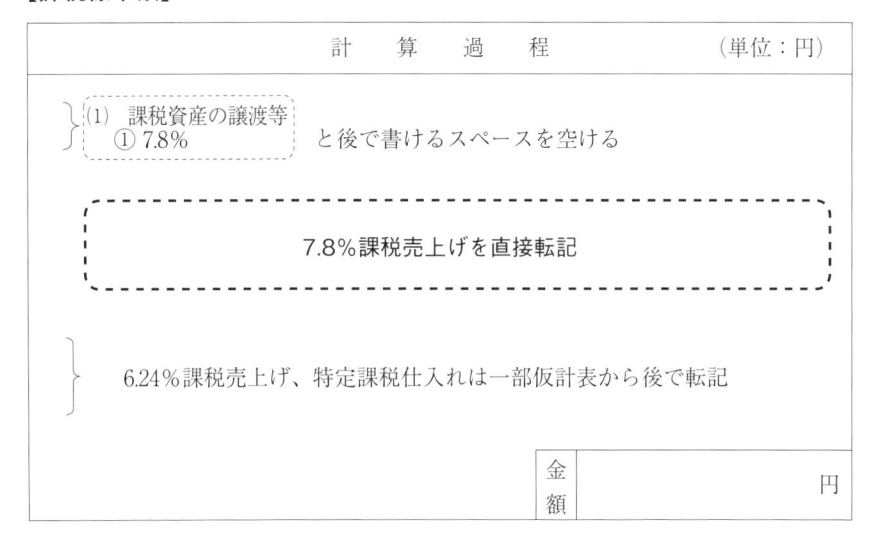

 **控除過大調整税額の計算過程欄の集計項目**

　控除過大調整税額の計算過程欄では、基本的には「貸倒回収に係る消費税額」を集計します（仕入返還等に係る消費税額や調整対象固定資産に係る調整税額などを控除対象仕入税額から控除して控除しきれない場合にここに記入する場合もありますが、かなりのレアケースです。

　集計する際は、6.24％税率や旧税率が適用される取引、上記のようなレアケースの調整計算がある場合に備えて、少しスペースを空けるようにしましょう。

【控除過大調整税額】

(1) 7.8％
(2) 6.24％
(3) (1)+(2) =　　と後で書けるスペースを空けておく

 **課税売上割合の計算過程欄の集計項目**

　課税売上割合の計算過程欄では、「免税売上げ」「免税売上返還等」「非課税売上げ」「非課税売上返還等」「非課税資産の輸出売上げ」「本船甲板渡し価格（FOB価格）」を集計します。これらの項目は仮計表を用いず、計算過程欄に直接転記するようにしましょう。

【課税売上割合】

計　算　過　程	（単位：円）

(1) 課税

① ［　　　　　　　　］ ＋ ［　免税売上げを直接転記　］

　↖ 課税標準切捨前の金額を転記するスペースを空ける

② ［　課税売上返還等を直接転記　］

＋ ［　免税売上返還等を直接転記　］

}　税抜計算するスペースと 6.24％税率のものや免税売上返還等が出てきた場合に対応できるスペースを空ける

③ ①－② ＝

(2) 非課税

① ［　非課税売上返還等を直接転記　］

② ［　非課税売上げ（課税売上割合の分母に算入される金額）を直接転記　］

③ ①－② ＝

　　　非課税資産の輸出売上げを直接転記
　　　　　↓
(3) (1)＋(2)＋［　　　　］＋［　　　　］
　　─────────────────　← FOB 価格を直接転記
　　　　　(1)＋(2)＋［　　　　］

割		円
合	─────	円

　なお、課税売上割合の計算過程欄の書き方は資格学校によって異なります。下記のような集計方法でもかまいません。

【課税売上割合】

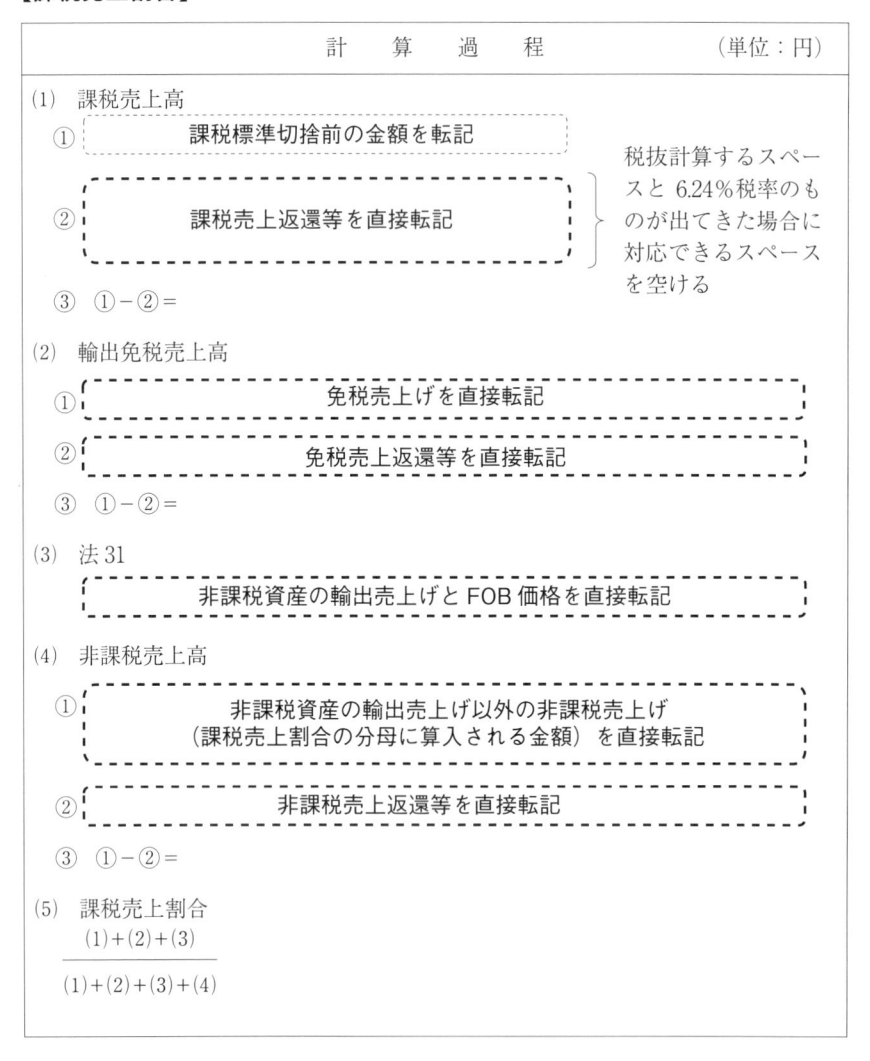

計　算　過　程	（単位：円）

(1)　課税売上高
　①　課税標準切捨前の金額を転記
　②　課税売上返還等を直接転記

税抜計算するスペースと 6.24％税率のものが出てきた場合に対応できるスペースを空ける

　③　①－②＝

(2)　輸出免税売上高
　①　免税売上げを直接転記
　②　免税売上返還等を直接転記
　③　①－②＝

(3)　法 31
　　　非課税資産の輸出売上げと FOB 価格を直接転記

(4)　非課税売上高
　①　非課税資産の輸出売上げ以外の非課税売上げ
　　　（課税売上割合の分母に算入される金額）を直接転記
　②　非課税売上返還等を直接転記
　③　①－②＝

(5)　課税売上割合
$$\frac{(1)+(2)+(3)}{(1)+(2)+(3)+(4)}$$

 ## 控除対象仕入税額の計算過程欄の集計項目

　控除対象仕入税額の計算過程欄が最も複雑になります。ここでは、仕入税額の按分計算が必要となる場合、課税仕入れについて「課税売上対応」「非課

税売上対応」「共通対応」に区分した上で、それぞれについて「課税仕入れ（適格請求書）」「課税仕入れ（帳簿のみ)」「課税貨物」「棚卸資産に係る調整」「仕入返還等」「引取還付」「特定課税仕入れ」「特定課税仕入返還等」について集計し、さらに6.24％税率や旧税率が適用されるものと80％（50％）控除が適用されるものについてそれぞれ別に集計しなければなりません（積上げ計算による場合はこれらに係る税額を計算します）。

　これらの項目をすべて答案用紙に直接転記しようとするとあまりにも複雑になりすぎるので、これらのうち最も登場頻度が高い「7.8％課税仕入れ（適格請求書)」についてのみ答案用紙に直接転記するようにし、それ以外の項目は計算用紙の一部仮計表に集計するのが最も効率的です。

　なお、直接転記するためには、答案用紙の集計スペースをどれくらいにするかあらかじめ考えておく必要があります。

　問題の内容によって異なりますが、一般的な問題であれば、次の割合を目安に集計スペースを空けておくと各集計項目がいい感じに収まるかと思います。

集計項目	スペースの目安
課税売上対応課税仕入れの集計スペース	30%
非課税売上対応課税仕入れの集計スペース	10%
共通対応課税仕入れの集計スペース	30%
合計金額の集計スペース	15%
個別・一括・有利判定のスペース	15%

　答案用紙への直接転記の仕方は、次のようになります。

【控除対象仕入税額】

計　算　過　程	（単位：円）

(1)　課税仕入れ等の区分

　①　課税売上対応

　　　イ　課税仕入れ
　　　　　㋑ 7.8％
　　　　　　（ロ）適格請求書　　と必要に応じて後で書けるスペースを空ける

　　　┌──────────────────────────────────────┐
　　　　7.8％課税売上対応課税仕入れ（適格請求書の交付を受けているもの）
　　　　を直接転記
　　　└──────────────────────────────────────┘

　　　　　帳簿の保存のみのもの、課税貨物、棚卸資産に係る調整、仕入返還等、
　　　　引取還付、特定課税仕入れ、特定課税仕入返還等、6.24％税率・旧税
　　　　率が適用されるもの、80％（50％）控除が適用されるものは一部仮計
　　　　表から後で転記。ここのスペースは多めに空ける

　②　非課税売上対応

　　　必要に応じて後でタイトル等が書けるように少し空ける

　　　┌──────────────────────────────────────┐
　　　　7.8％非課税売上対応課税仕入れ（適格請求書の交付を受けているもの）
　　　　を直接転記
　　　└──────────────────────────────────────┘

　　　もしかしたら仕入返還等や6.24％の取引等があるかもしれないので少し
　　　空ける

　③　共通対応

　　　イ　課税仕入れ
　　　　　㋑ 7.8％
　　　　　　（ロ）適格請求書　　と必要に応じて後で書けるスペースを空ける

　　　┌──────────────────────────────────────┐
　　　　7.8％共通対応課税仕入れ（適格請求書の交付を受けているもの）
　　　　を直接転記
　　　└──────────────────────────────────────┘

帳簿の保存のみのもの、課税貨物、棚卸資産に係る調整、仕入返還等、引取還付、特定課税仕入れ、特定課税仕入返還等、6.24％税率・旧税率が適用されるもの、80％（50％）控除が適用されるものは一部仮計表から後で転記。ここのスペースは多めに空ける

④　合計

すべての集計が終わった後で書く
ここのスペースは多めに空ける

(2)　個別対応方式

　　　　すべての集計が終わった後で書く

(3)　一括比例配分方式

　　　　すべての集計が終わった後で書く

(4)　判定

　　　　すべての集計が終わった後で書く

〔控除対象仕入税額〕	金額	円

売上げに係る対価の返還等に係る消費税額の計算過程欄の集計項目

　売上げに係る対価の返還等に係る消費税額の計算過程欄では、「課税売上返還等」を集計します。

　集計する際は、6.24％税率や旧税率が適用される取引がある場合に備えて、少しスペースを空けるようにしましょう。

【売上げに係る対価の返還等に係る消費税額】

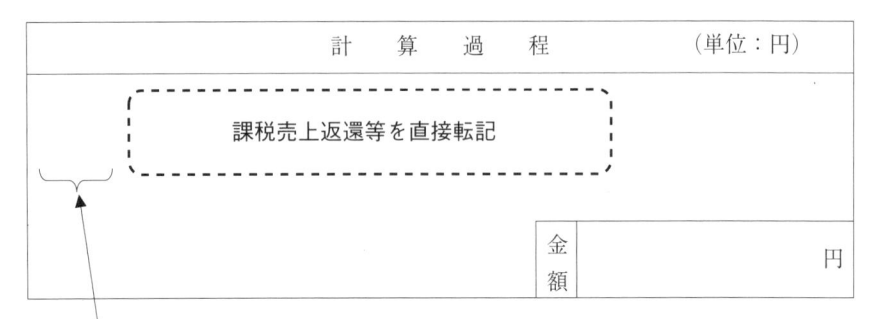

(1) 7.8%
(2) 6.24%
(3) (1)+(2)= } と後で書けるスペースを空けておく

貸倒れに係る消費税額の計算過程欄の集計項目

　貸倒れに係る消費税額の計算過程欄では、「貸倒れの額」を集計します。

　注意点は先ほどと同じで、集計する際は、6.24%税率や旧税率が適用される取引がある場合に備えて、少しスペースを空けるようにしましょう。

【貸倒れに係る消費税額】

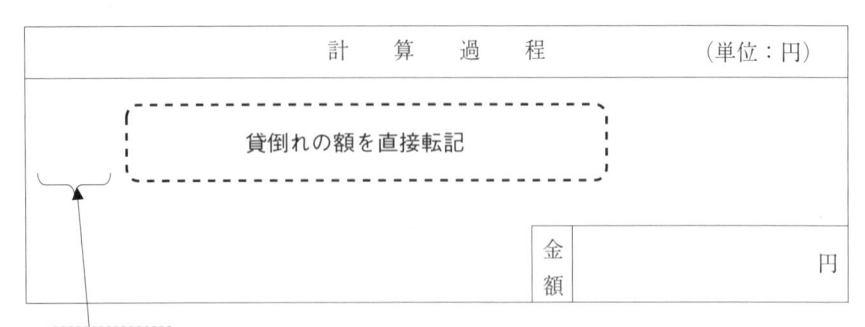

(1) 7.8%
(2) 6.24%
(3) (1)+(2)= } と後で書けるスペースを空けておく

 **一部仮計表の集計項目**

　本試験では白紙の計算用紙が配られるため、それを使って一部仮計表を作成し、答案用紙に直接転記しなかった項目について集計します。

　一部仮計表を作る際は、次のように十字の線を引いて、課税売上げと課税仕入れ（課税売上対応、非課税売上対応、共通対応）の4つのエリアに分け、さらにそれぞれ真ん中に線を引いて、上には7.8％税率のもの、下には6.24％税率のものをメモ書きします。

計算用紙（一部仮計表）

課売	課のみ
特課仕　○○	貨物　○○ 仕返　○○ 引還　○○ 80%　○○
(6.24%) 　○○＋○○	(6.24%) 　○○＋○○＋○○ 仕返　○○
非のみ	共通
	特課仕　○○ 仕返　○○ 80%仕返　○○＋○○
(6.24%)	(6.24%) 　○○＋○○＋○○＋○○

上記は一例です。一部仮計表に集計する際は、自分で理解できればいいので、略字や記号を使ってもかまいません。上記の例では、「特課仕」＝「特定課税仕入れ」、「貨物」＝「課税貨物」、「仕返」＝「仕入返還等」、「引還」＝「引取還付」、「80％」＝「80％控除の経過措置対象」という意味で記載しています。

　すべての項目の集計が終わったら、仮計表に集計したものを答案用紙に転記して清書します。

　このように、答案用紙に直接転記する方法と一部の項目を仮計表で集計する方法を組み合わせれば、最も効率的に計算問題を解けるかと思います。

コラム　今の試験は一部仮計表を作らないと無理

　ここでは、一部の項目については仮計表を作って転記すべきと書きましたが、僕が税理士受験生だったときは、仮計表は一切作らず、すべての項目について答案用紙に直接転記していました。

　僕が税理士受験生だった当時（平成 27 年度）は、リバースチャージ方式も軽減税率もインボイス制度もなかった時代だったので、仮計表を作らずに答案用紙にそのまま直接転記する方法も可能でした。

　しかし、今は 7.8％と 6.24％の 2 種類の税率があり、特定課税仕入れや帳簿の保存のみで仕入税額控除を受けられる項目、80％（50％）控除の経過措置もあるため、すべての項目を答案用紙に直接転記するとなるとぐちゃぐちゃになってしまい大変です。

　なので、今の試験では、基本的に直接転記しつつ、一部の項目は仮計表で集計するのが一番良い方法だと思います。

極意 44 簡易課税の計算問題の効率的な集計方法を身に着けよう

簡易課税制度の総合問題を解くときは、課税売上げについては答案用紙に直接転記する方法がオススメです。売上返還等については、計算用紙に仮計表を作りメモする方が良いでしょう。

簡易課税制度の問題も直接転記と仮計表を組み合わせよう

　簡易課税制度の問題を解くときも、極意43で紹介した方法と同様、基本直接転記しつつ、一部の項目は仮計表を使って集計する方法がオススメです。

課税標準額の計算過程欄の集計項目

　簡易課税制度の問題を解くときは、課税売上げの金額を第一種から第六種までの6種類に区分して集計します。

　答案用紙には、第一種から第六種までのすべてのタイトルをまず書きます。その際は、問題文を読んで、集計数が多くなりそうな事業区分については多めにスペースを空けることが重要です。

　例えば、物品販売業を営む法人の問題で、第一種事業と第二種事業の集計項目が多くなりそうだと予想される場合は、次のように、それぞれの集計スペースを多めに空けます。

　タイトル付けが完了したら、あとは問題文を読んで集計項目を答案用紙に直接転記します。

【課税標準額】

計 算 過 程	（単位：円）
(1)　第一種 　　第一種事業の課税売上げを直接転記 (2)　第二種 　　第二種事業の課税売上げを直接転記 (3)　第三種 　　第三種事業の課税売上げを直接転記 (4)　第四種 　　第四種事業の課税売上げを直接転記 (5)　第五種 　　第五種事業の課税売上げを直接転記 (6)　第六種 　　第六種事業の課税売上げを直接転記	問題文を見て、集計数が多くなりそうな事業区分は多めにスペースを取る
金額	円

　すべての集計が終わり、集計項目がひとつもなかった事業区分については「なし」と書くか、もしくは、タイトルを二重線又は修正テープで消してしまえば大丈夫です。

 ## 売上返還等は仮計表を作ろう

　課税標準額の計算過程欄はスペースが大きいため、第一種から第六種まで

すべてのタイトルを書いても解答スペースには余裕があることが多いです。

　しかし、売上げに係る対価の返還等に係る消費税額の計算過程欄はあまりスペースが広く無いため、第一種から第六種まですべてのタイトルを書く余裕がありません。

　そのため、売上げに係る対価の返還等の金額は、計算用紙を使って次のように仮計表を作り、事業区分ごとにメモしていきます。

【計算用紙（一部仮計表）】

①　○○＋○○
　　（6.24％）○○
②　○○
③
④　○○
⑤
⑥

　上記は一例です。自分で理解できればどのような書き方でもかまいません。上記の記載例では、丸で囲っている数字は事業区分の番号を示しています。6.24％税率が適用されるものは（6.24％）と記載して区別して集計しています。すべての項目の集計が終わったら、答案用紙に転記して清書します。

 **貸倒れ・貸倒回収額の計算過程欄の集計項目**

　貸倒れの額と貸倒回収額の集計方法は、原則課税の場合と同じなので、極意43を参照してください。

極意 45 取引分類は問題文に出てきた順に集計しよう

総合問題では、問題文で出てきた順に集計するようにしましょう。「7.8％課税売上げごとに集計」など、項目ごとに集計する方法だと問題文を何度も読み直す必要があり効率的ではありません。

問題文に出てきた順に集計しよう

　総合問題を解く上で、課税売上げや課税仕入れの金額をどんな順番で集計するか迷ったことがある方が多いのではないでしょうか？

　僕も消費税法の勉強を始めたばかりの頃は、どういう順番で集計すればいいか分からず困っていました。

　これに関して一番オススメの方法は、問題文に出てきた順に集計する方法です。

　これは原則課税でも簡易課税でも同じです。

　課税売上げや課税仕入れなどの集計項目は、問題文で出てきた順に、極意43、44で紹介した答案用紙の転記場所又は計算用紙の仮計表にどんどん転記していくようにしましょう。

項目ごとに集計するのは効率が悪い

　課税売上げや課税仕入れなどの項目ごとに金額を集計するという方法もあります。

　例えば、7.8％課税売上げとなる金額のみをピックアップして集計し、次

に6.24％課税売上げとなる金額のみをピックアップして集計し、その次は課税売上対応課税仕入れとなる金額のみをピックアップして集計し……と、項目ごとに集計をしていきます。

　ただ、正直この方法はかなり効率が悪いと思います。

　この方法だと、問題文を何度も読み返さなければならず非常に時間がかかるため、あまりオススメしません。

 ## 問題文の読み進め方

　問題文に出てきた順に集計する方法で解く際は、下記のイラストのように、基本的に上から順に読んでいき、かっこの括りごとに、すべての項目を集計し終わったらバツをつけます。

　集計する金額は丸で囲み、集計不要な金額はバツをつけるなどの工夫をすると、転記ミス防止のための対策になります。

　途中で判断に迷う問題や解くのに時間がかかりそうな問題、見慣れない資料が与えられた場合などは、その問題は後回しにしてもかまいません。その際は、目印を付けて後回しにしたことを忘れないようにしましょう。

【問題用紙】

すべての項目を集計し
終わったら × をつける

問題文に出てきた
順に集計していく

答案用紙（7.8％課税売上げ）に転記

(1) 「総売上高」は、日用品の売上高 82,530,000 円 と飲食料品の売上高
44,220,000 円 の合計額である。

仮計表（6.24％課税売上げ）に転記

(2) 「売上値引及び戻り高」は、当期中に販売した日用品に係る値引額
428,000 円 と飲食料品に係る値引額 226,000 円 の合計額である。

答案用紙（7.8％売上返還等）に転記　　答案用紙（6.24％売上返還等）に転記

答案用紙
（7.8％課税対応課税仕入れ）
に転記

(3) 「当期商品仕入高」の内訳は次のとおりである。
① 日用品に係る国内における課税仕入れ 59,110,000 円
② 飲食料品に係る国内における課税仕入れ 28,494,000 円

仮計表（6.24％課税仕入れ）に転記

③ 保税地域から引き取った商品（日用品）の仕入高 8,669,000 円

上記金額には、保税地域からの引取りに際して税関に納付した
消費税額 614,600 円 及び地方消費税額 173,300 円 が含まれてい
る。仮計表（7.8％課税貨物）に転記

集計不要な金額には × をつける

(4) 「従業員給与手当」には次の金額が含まれている。なお、いずれも通常
必要と認められる金額である。

答案用紙（7.8％共通対応課税仕入れ）に転記

① 本社従業員の電車通勤に係る通勤手当 866,000 円
② 商品販売店舗の従業員の電車通勤に係る通勤手当 380,000 円

答案用紙（7.8％課税対応課税仕入れ）に転記

☆③ 商品販売店舗の従業員の自転車通勤に係る通勤手当 114,000 円

判断に迷った項目や時間がかかりそうな項目は印をつけて後回しにする

(5) 「旅費交通費」790,000 円 は、すべて共通課税仕入れに該当するもの
である。—— 答案用紙（7.8％共通対応課税仕入れ）に転記

極意 46 正答できる可能性の低いところに時間をかけない

総合問題で、差引税額や納付税額、著しい変動の判定、個別・一括の計算など、正答できる可能性の低いところに時間を費やすのはタイムパフォーマンスが悪いので、後回しにするなどの工夫をしましょう。

得点できる可能性を考慮しタイムパフォーマンスを上げよう

　計算問題では、得点しやすい箇所と得点しにくい箇所があり、得点しにくい箇所に時間を費やすのはあまり効率的ではありません。

　売上返還等や貸倒れ、貸倒回収額などは短時間で確実に得点しやすいところなので優先的に解答すべきです。

　一方、納付税額などの絶対に正答できない箇所やそもそも配点が振られないであろう箇所について解答するために時間を費やすのは効率的ではないため、そういった所は後回しにするなどしてタイムパフォーマンスを上げるようにしましょう。

資格学校の予想配点を参考にしよう

　税理士試験の採点基準は公表されていないためどこに配点があるかわかりませんが、資格学校が予想する配点により採点した結果とそれほど大きな差はないと考えられます。

したがって、資格学校の配点箇所を参考にしながら、タイムパフォーマンスを重視した解答ができるようになりましょう。

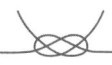 ## 配点があるけど絶対に合わない項目

　最終値である納付税額には配点が振られていることが多いですが、納付税額はそれより前の計算過程がすべて完璧に合っていないと正答することができないので、実質的に絶対得点できない項目になります。

　このように、絶対得点できないような項目については後回しにして、最後に時間が余ったら書くようにしましょう。

 ## 配点が振られる可能性が低い項目

　配点が振られる可能性が低い項目についても、時間がない場合は後回しにすべきです。

　例えば、課税売上対応課税仕入れの合計額や共通対応課税仕入れの合計額、課税仕入れ等の税額の合計額などの金額は、集計するのに時間がかかりますが、そこに配点が振られる可能性は低いです。納付税額を求める一歩手前の差引税額についても、配点が振られる可能性は低いです。

　このような、そもそも配点が振られないであろう箇所については後回しにして、他の得点できそうな問題を解くのを優先しましょう。

 ## 計算パターン等に配点がある項目

　一括比例配分方式の計算パターンや著しい変動の判定パターン、簡易課税の特例計算の有無の判定パターンなどは、正確な数字でなくても、計算式や不等式の立て方が正しければ配点が振られることがあります。

　これらの立式のために用いる課税仕入れ等の税額の合計額や通算課税売上

割合などは正確な数字でなくて構わないので、時間がない場合はおおまかな金額を暗算で求めるなどして、少しでも時間を浮かせられるようにしましょう。

答案用紙に記入する際は、①（単位：円）と記載
して単位を省略、②課税売上割合の計算過程欄に
課税標準額切捨前の金額を転記、③課税売上割合
の小数表示及び④課税仕入れ等のタイトルの区分
の略記により、時間を短縮するようにしましょう。

 （単位：円)と記入し、単位は省略しよう

　計算過程欄に集計する際、すべての数字の後に「円」をつけて書いている
と、とても時間がかかってしまいます。

　そのため、答案用紙の「計算過程」と書いてある場所の右側に「(単位：
円)」と記入して、数字のあとの単位を書くのは省略し、時間を短縮するよう
にしましょう。

【課税標準額】

「計算過程」の右側に記入

計　算　過　程	（単位：円）
352,006,000 ＋ 472,000 ＋ 62,880 ＋ ・・・	

数字のあとに「円」は書かない

　なお、円以外の単位が計算過程に登場する場合は、必ず省略せずに書くよ

うにしましょう。

　例えば、課税売上割合に準ずる割合の計算などで「人」や「㎡」などが登場する場合があるので、円以外の単位は省略せずに書きましょう。

 課税売上割合の計算過程欄の時短テクニック

　課税売上割合及び課税期間における課税売上高を計算する際、課税売上げとなる項目を課税標準額の計算過程欄と課税売上割合の計算過程欄の両方に集計していては時間を大幅にロスしてしまう上に、解答スペースも圧迫してしまうことになります。

　そこで、課税売上割合の計算過程欄には、課税標準額の計算過程欄で集計した金額の合計額（千円未満切捨前の金額）を転記するようにしましょう。

　標準税率が適用される課税売上げと軽減税率が適用される課税売上げがある場合は、それぞれの千円未満切捨前の課税標準額を転記して合計します。

　なお、特定課税仕入れについては、課税期間における課税売上高及び課税売上割合の計算では考慮しないため、誤って転記しないように注意しましょう。

　記載例は次のようになります。

【課税標準額】

計　算　過　程	（単位：円）

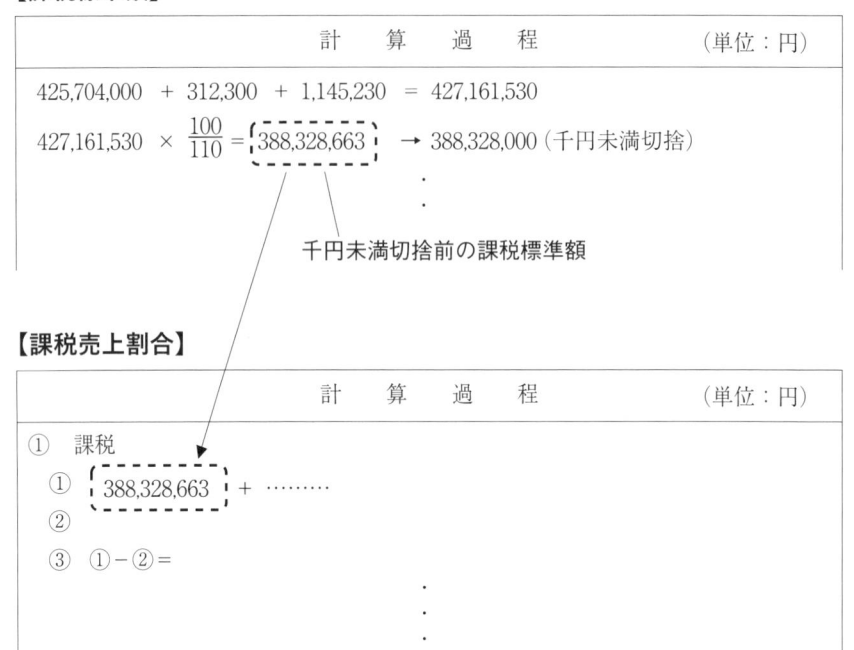

425,704,000 ＋ 312,300 ＋ 1,145,230 ＝ 427,161,530

427,161,530 × $\frac{100}{110}$ ＝ 388,328,663 → 388,328,000（千円未満切捨）

千円未満切捨前の課税標準額

【課税売上割合】

計　算　過　程	（単位：円）

① 課税
　① 388,328,663 ＋ ………
　②
　③ ①－② ＝

課税売上割合は小数表示で書こう

　個別対応方式又は一括比例配分方式による計算パターンでは、課税売上割合を所定の金額に乗じる必要があります。

　このとき、課税売上割合を分数のまま書いていると、とても時間がかかってしまいます。

　そのため、課税売上割合は分数のまま書くのではなく、小数表示にして書くようにするようにしましょう。

　小数表示で書く際は、小数点以下四桁くらいを記入するようにします。また、大抵の場合割りきれず無限小数となるため「…」を記載するのも忘れないようにしましょう。

記載例は次のようになります。

【控除対象仕入税額】

	計　算　過　程	（単位：円）

> ⋮
>
> (3)　個別対応方式
>
> 　（○○＋○○－○○－○○）× <u>0.9367…</u> ＋（○○＋○○）× <u>0.9367…</u> ＝
>
> (4)　一括比例配分方式
>
> 　（○○＋○○）× <u>0.9367…</u> － ○○ × <u>0.9367…</u> － ○○ × <u>0.9367…</u> ＝
>
> ⋮

 ## 課税仕入れ等の区分のタイトルは略して書こう

　資格学校の模範解答を見ると、課税仕入れ等の区分のタイトルは「課税資産の譲渡等にのみ要するもの」「その他の資産の譲渡等のみをするもの」「課税資産の譲渡等とその他の資産の譲渡等に共通して要するもの」といった形で、正式名称で記載されていることがあります。

　このように正式名称で記載をすると時間がかかってしまうので、これらのタイトルは「課税対応」「非課税対応」「共通対応」など、試験委員が採点をする際にわかってもらえるであろう範囲内で適宜略すようにしましょう。

コラム　課税売上割合を文字式に置き換える方法はオススメしない

　時短テクニックとして、課税売上割合を求めた後、横に（以下 A とする。）などと記載し、それ以降はその文字式を使用する方法もあります。

　しかし、個人的にこの方法はあまりオススメしません。

　なぜなら、試験委員が個別対応方式や一括比例配分方式の計算パターンを見たときに、課税売上割合を乗じているのだとパッとすぐに判断できない可能性があるからです。

　試験委員は何千人もの答案用紙を採点するため、課税売上割合の横に（以下 A とする。）といった記載をしていても、そこをちゃんと見てくれているかわかりません。個別対応方式や一括比例配分方式の計算パターンの採点をする際に、各金額に「A」という謎の記号が乗じられていても「なんじゃこりゃ」と思われてしまい、せっかく正しい計算パターンで立式をしているのにバツにされてしまう可能性があります。

　一方、小数表示であれば、その数値は何かしらの割合であることを意味するものなので、それが課税売上割合を意味していると判断してもらえる可能性が格段に高くなります。

　したがって、課税売上割合は「A」などの記号ではなく、小数表示で記載することをオススメします。

第 **5** 章

本試験当日の心構え

　孫子の兵法では、「勝敗は、戦う前に決まっている」と説いています。

　税理士試験もこれと同じで、本試験当日の運勢のみが合否を決するのではなく、本試験の前に勝敗は十中八九決まっています。

　本試験の前までに充分な努力を積み重ね、合格するための準備をしっかりと整えているのであれば、本試験を受ける前からすでに勝利（合格）は決しているも同然です。

　本試験当日は、今まで頑張ってきた自分を信じて、落ち着いて受けてくるようにしましょう。

極意 48 試験当日の持ち物を チェックしよう

> いよいよ迎える本試験。忘れ物がないかしっかり
> チェックするようにしましょう！

 税理士試験当日の持ち物リスト

税理士試験当日に必要なものをまとめると、次のとおりです。

忘れ物がないように事前にしっかりとチェックしておきましょう！

---

① 受験票

② 筆記用具

③ 電卓

④ 時計、ストップウォッチ

⑤ 飲み物

⑥ 体温調整用具

⑦ 教材

⑧ その他各自必要なもの

---

① 受験票

受験票ははがきで送られてきます。試験当日に必要なので失くさないようにしましょう。また、失くしてしまった場合や試験当日忘れてしまった場合に備えて、受験番号がわかるように事前にスマートフォンなどで撮影しておきましょう。

試験当日は、セロハンテープや両面テープで受験票を机の上に貼って固定させるのがオススメです。答案用紙などをめくった時に飛んで行かなくなるので、試験中のストレスが軽減できます。

②　筆記用具

　税理士試験で使用できる筆記用具は黒又は青インキのボールペン、万年筆と修正液、修正テープです。鉛筆や指定された色以外のボールペン、インキ、フリクションなどの消せるボールペンの使用は認められないので注意しましょう。

　ただし、回収されない問題用紙や計算用紙については、鉛筆や色付きペン、ラインマーカーなどを使用しても大丈夫です。

　なお、令和3年度（2021年度）の試験から、ホッチキスの使用が認められなくなりましたので注意しましょう。

③　電卓

　電卓を2台以上持っている場合、万が一故障した場合に備えて予備を持って行くようにしましょう。

　なお、電卓を複数台持つ場合、他のメーカーの機種だと使い勝手がかなり異なるため、同じ機種を揃えるようにしましょう。

④　時計、ストップウォッチ

　本試験会場は時計を置いていない場合もあります。時計がある会場でも、座席によっては見えづらいことがあるため、各自時計を持って行くようにしましょう。

　なお、音を発するものやスマートフォン、スマートウォッチなどの使用は認められないため注意しましょう。

⑤　飲み物

　水分補給のため1ℓ以下の蓋付きペットボトル1本に限り、試験中、自己の責任において、机上に置いて飲むことを認められます。

　緊張すると喉が渇くので、飲み物は持って行くようにしましょう。

　また、税理士試験は夏の暑い日に実施されるため、炎天下の中試験会場までたどり着かなくてはなりません。本試験の最中に飲むための飲み物以外に、本試験会場に着くまでの間に水分補給するための飲み物も持って行くようにしましょう。

⑥　体温調整用具

　本試験は夏の暑い日に実施されるため、うちわや扇子、携帯扇風機、首に巻く保冷剤など、体を冷やすための道具も持って行くといいでしょう。

　また、本試験会場でクーラーの風が直撃する座席に当たってしまった場合、寒さで集中できない可能性もあるため、カーディガンなどの上着も持って行くようにしましょう。

　暑さ対策はしっかりとしている人が多いですが、寒さ対策は盲点になりがちなので、寒がりな人はしっかり対策して行きましょう。

⑦　教材

　人間の記憶は、時間の経過とともに薄れていきますが、何かを覚えた直後であればかなり鮮明に記憶が残っています。本試験の直前に理論などを暗記した場合、それが本試験で出たらかなり鮮明に記憶に残っており正確に書ける可能性が高くなります。

　試験の直前こそ一番効率的に記憶を定着させられるゴールデンタイムなので、本試験当日も教材を持って行くようにしましょう。

⑧　その他各自必要なもの

　上記以外でも必要な物があれば各自持って行くようにしましょう。

僕は、本試験の前はチョコレートやカステラ、羊羹などの甘いものを食べるようにしていました（これらの甘いものは集中力を高める効果があるそうです）。

　また、不測の事態に備えて現金を多く持って行ったり、悪天候に備えて折り畳み傘やレインコート、タオル、替えの T シャツなどを持って行くのもアリです。

　その他にも、神社で買った学業成就のお守りなど、各自必要だと思うものを持って行くようにしましょう。

極意 49 即不合格とされる特定答案とならないように注意しよう

> 試験の注意事項を守っていない答案は「特定答案」とされ、採点の対象外となり即不合格となります。努力が水の泡とならないよう、絶対に特定答案とならないように注意してください。

 **特定答案とは**

　税理士試験に限らず、あらゆる資格試験において、試験の注意事項を守っていない答案は、「特定答案」（又は「無効答案」）と呼ばれ、採点の対象外となり即不合格となります。

　本試験の際に、次の事項をやってしまうと「特定答案」とされ採点対象外となってしまう可能性があります。

・使用してはいけない筆記具（青・黒のボールペン・インキ以外）を使うこと
・受験地、受験番号の記載漏れ
・受験者が誰か特定できるようなことを書くこと
・解答欄の外に解答すること

 **使用してはいけない筆記具を使った場合**

　税理士試験の答案用紙に使えるのは「黒」か「青」の「消せないボールペン・インキ」だけです。

　注意事項は、鉛筆や赤色のペン、フリクションインクなどの消せるボール

ペンを使用しないことと記載されているため、これらを使用した場合は「特定答案」として即不合格とされる可能性があります。

　なお、記載にはありませんが、赤色だけでなく、黄色や緑色、ピンク、紫など、黒・青以外のペンやマーカーを使用することも禁止なので注意しましょう。

　あと、あまり使っている人はいないと思いますが、グレーは個人的にあまり良くない印象（なぜなら黒と白を混ぜた色で、認められていない「白色」要素が入っているため）なので、やめたほうがいいと思います。

 受験地、受験番号の記載漏れ

　税理士試験では、1枚目の答案用紙だけでなく、すべての答案用紙に受験地・受験番号（2枚目以降は受験番号のみ）を記入する箇所があります。緊張している状況だと、1枚目にだけ受験地・受験番号を記載し、2枚目以降の受験番号の記載を忘れてしまう可能性もあります。

　受験地・受験番号の記入漏れがある場合は「特定答案」として採点対象外とされる可能性があるため注意しましょう。

　受験地・受験番号については試験開始前に記入することができ、試験監督がしっかり注意喚起をするため大丈夫だとは思いますが、緊張していると思わぬことをしでかすこともあるため、しっかり落ち着いて記入するようにしましょう。

 受験者が誰か特定できる場合

　試験委員の先生も生身の人間であり、幅広い交流を持っています。

　採点者と受験生が知り合いである可能性もあり、その場合、採点者が特定の受験生に対してえこひいきして甘い採点をする可能性があります。

　そのような不公平な採点がされないように、税理士試験に限らず、あらゆる資格試験において、答案用紙に受験生が誰であるか特定できるようなこと

を書くのは厳しく禁止されています。

　氏名や住所などの個人情報を書くのはもちろんのこと、何かしらのマークや記号なども採点者に対して個人を特定してもらうための暗号だと判断され、「特定答案」として即不合格とされる可能性があるため注意しましょう。

　万が一、緊張しすぎて受験地や受験番号を書くところに間違えて氏名を書いてしまった場合などは、試験官に申し出て指示を仰ぐようにしましょう。

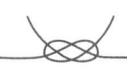 ## 解答欄の外に解答する場合

　税理士試験の注意事項には「解答は必ず答案用紙の所定の欄に明瞭に記載してください。」と記載されています。

　注意事項の記載通りに判断すれば、解答欄の外に何か記入することは「注意事項を守っていない」ということに他なりませんので、「特定答案」として採点対象外とされる可能性があります。

　下記のように、一度書いた文字や数字を二重線で削除して書き直す場所がない場合に、解答欄の外に書いてしまったら、即不合格とされる「特定答案」となってしまう可能性があるので、絶対にやらないようにしましょう。

【貸倒れに係る消費税額】

計　算　過　程	金額	円
3,300,000 ＋ ~~4,100,000~~ ＝ 　　　　　　　4,200,000		

　消費税法の試験の場合、売上返還等や貸倒れに係る消費税額などの計算過程欄は狭いことが多いので、書き間違えてしまった場合は修正テープで修正するようにしたり、書き間違いを想定して少し小さい字で書いたり詰めて書いたりするように工夫しましょう。

極意 50 緊張は努力の証！過去の努力を思い出そう！

本試験で緊張するのは、それだけ頑張ってきた証です。これまでの努力を思い返して、緊張感を自信に変えちゃいましょう！

 本試験で緊張するのは、それだけ頑張ったから

本試験当日は、誰もが「緊張」に飲み込まれてしまうと思います。

本試験会場は、資格学校の答練の教室とは違う独特の緊張感が漂っています。

周囲の他の受験生がみんなすごく優秀そうに見え、不安な気持ちに陥ってしまうこともあります。

そんなときは、いったん、落ち着いて深呼吸するようにしましょう。

緊張しているということは、裏を返せば、それだけ頑張ってきた証でもあります。

「こんなに緊張しちゃうくらい頑張ってきたんだからきっと大丈夫！絶対合格する！」と自分に言い聞かせて、緊張感を自信に変えてしまいましょう。

 積み重ねてきた努力は必ず実を結ぶ

本試験が始まる前に、これまでに積み重ねてきた努力を思い返してみてください。

……その努力は必ず実を結びます！

緊張するのは当たり前です。それは努力の裏返しなのですから。

これまでの自分の努力を信じて、自信を持って試験に臨んできてください！

おわりに

　努力は必ず報われるとは限りません。

　「報われる努力」もあれば「報われない努力」もあります。

　税理士試験においても、残念ながら努力が報われない場合があります。

　しかし、「努力は報われないこともあるから仕方ないよね」と諦めてしまい、改善策を講じようとしないのはただの思考停止にほかなりません。

　努力が報われない原因のうち、不可抗力によるもの（病気や災害、不慮の事故など)については自分の力ではどうしようもないので仕方ありませんが、それ以外のものは努力の仕方や方法に問題があるかもしれません。

　効率的でない勉強法だったり、自分に合っていない勉強法である場合、時間や労力を無駄にしてしまうことがあります。

　頑張っているのになかなか成績が上がらず伸び悩んでいるときは、ついつい「努力の量が足りていないからだ」と考えがちになります。

　もちろん、その可能性もありますが、それ以外の原因として、「努力の質が良くないからではないか」と今の自分が採用している勉強方法が本当に効率的なものであるか、本当に自分に合っているかを疑い、他にもっと良い方法がないかを模索することも重要です。

　税理士試験合格に向けてせっかく努力をするのなら、効率性が高く自分に合っている「質の良い努力」を心がけましょう。

　あなたの努力が「報われる努力」となるために本書がお役に立てたなら、これ以上にない幸せです。

川上悠季

「消費税法 無敵の一問一答」開発秘話

　それはまだ僕が税理士受験生だったときでした。

　資格学校の自習室で消費税法の練習問題を解いていたある日、僕はこう思いました。

　「消費税法って取引分類ゲーじゃん」

　「取引分類ゲー」とは、「取引分類が最も重要な要素となるゲーム」という意味です。

　そうです。消費税法は、理論問題においても計算問題においても、最も重要となるのは「取引分類」です。

　消費税法の試験は、課否判定や課税仕入れ等の区分などの取引分類をいかに素早く正確に行えるか、また、いかにマニアックな論点でも正答できるかが、合否を分ける非常に重要な要素となります。

　そのため、僕は当初、課否判定や課税仕入れ等の区分を紙の暗記カードに書いて、それを見ながら取引分類のトレーニングしていたのですが、当時僕は「クイズ！黒猫のウィズ」というクイズ形式のソーシャルゲームにドハマりしていて、「消費税法の取引分類もこのゲームみたいに楽しく覚えられたらいいな」と思い、プログラマーの方に依頼をして、本当に「取引分類ゲー」を作ってしまいました。

　それが今の「消費税法 無敵の一問一答」です。

　冒頭でも書きましたが、このアプリはもともと自分の自習用に作ったのですが、自分でも信じられないぐらいたくさんの方にダウンロードしていただけるようになり、ぶっちゃけた話、今はこのアプリの収益だけでも生活できるぐらいにまでなりました。（笑）

　ただ、手前味噌ではありますが、消費税法の取引分類のトレーニングにおいて、このアプリ以上に効率的に学習できるものは他にないと自負しています。

　通勤・通学中などのスキマ時間も有効活用でき、クイズゲーム感覚で楽しく学習することができるので、興味のある方は是非この「取引分類ゲー」をダウンロードしてみてください。

【著者紹介】

税理士　川上　悠季

平成 3 年　　愛知県生まれ
平成 26 年　　慶應義塾大学商学部卒業
平成 27 年　　税理士試験合格（簿記論、財務諸表
　　　　　　　論、消費税法、法人税法、事業税）
平成 29 年　　税理士登録
令和 4 年　　第 45 回日税研究賞入選
令和 6 年　　第 13 回新日本法規財団奨励賞（会計・税制分野 優秀）受賞

　合同会社税とクリエイト代表社員。株式会社新未来アート企画代表取締役。税理士試験消費税法の受験勉強に専念していたときに自習用に作成した取引分類の暗記カードから着想を得て、スマートフォンアプリ「消費税法 無敵の一問一答」を開発。平成 27 年に、母子で同時に官報合格。平成 31 年には、アプリの収録問題を書籍化した「消費税法 無敵の一問一答 課否判定一覧集」が、「ネクパブ POD アワード 2019」においてその独自性や革新性の高さが評価され、審査員特別賞を受賞。

　令和 4 年には、研究論文「現物出資が行われた場合の消費税の課税標準に関する一考察」が第 45 回日税研究賞・税理士の部において史上最年少で入選を果たす。令和 6 年には、研究論文「価値消費と資本移転の二面性を有する資産の消費税の非課税取引該当性―土地、貴金属及び NFT に係る現行規定の見直しに向けて―」が第 13 回新日本法規財団奨励賞（会計・税制分野 優秀）を受賞。

税理士試験 消費税法
合格のための勉強の極意 50

2024年12月30日　初版発行

著　者	川上悠季
発行者	大坪克行
発行所	株式会社 税務経理協会
	〒161-0033東京都新宿区下落合1丁目1番3号
	http://www.zeikei.co.jp
	03-6304-0505
印　刷	株式会社　技秀堂
製　本	株式会社　技秀堂
デザイン	原宗男（カバー）
編　集	野田ひとみ

 本書についての
ご意見・ご感想はコチラ

http://www.zeikei.co.jp/contact/